10年先も揺るがないビジネス　ルを身につける

データ分析の大学

著

マスクド・アナライズ

books.MdN.co.jp

エムディエヌコーポレーション

はじめに

「あなたの仕事でデータ分析を活用していますか？」

この質問に対して、自信を持って「はい」と答えられる方はどれだけいるでしょう。

「ビジネスパーソンには分析スキルが必要」などと言われても実感がわかず、「自分の仕事には関係ない」と思う人も多いでしょう。

では、質問を変えます。「あなたはExcelをどんな用途で使っていますか？」

大半のビジネスパーソンはExcelを資料作成ソフトとして利用しているでしょう。日本のオフィスには広く普及していますが、Excelが本来の表計算用途で使われることはほとんどありません。

一方で2021年のビジネスシーンにおいて、DX（デジタル・トランスフォーメーション）が叫ばれています。その前はAI（人工知能）やディープラーニングやIoTがあり、もっと遡るとビッグデータやWeb2.0が話題でした。

しかし、数年前に流行ったAIブームにおいて、あなたの仕事はどう変化しましたか。「AIが人間の仕事を奪う」などと言われましたが、現実にそんなことはありませんでした。むしろAIブームの次にやってきたコロナ禍において、Excelで作って印刷された書類にハンコを押してFAXで送信後に電話で連絡するために、人間がオフィスへ出社する始末です。仮にコロナ禍が終息したところで、今までと同じ働き方が待っています。

既に多くの企業や業界が、データ分析によって変わろうとしています。そして新たに生み出されたデータは、分析することで初めて価値が出ます。

そんな状況において、データ分析スキルを習得していなければ、どうなるでしょう。データ化された業務において分析できなければ、仕事ができないのと同じです。

　ではどうするべきか？ "データ分析の大学" に入学しましょう。社会人になっても、勉強は必要不可欠です。そして勉強はスマホで動画を眺めたり、ニュースサイトのコメント欄で持論を展開したり、オンラインサロンに入会して意識を高めることではありません。自ら学び、理解して、実践することです。

　本書は4章構成となっており、内容はデータ分析を取り巻く現状から学習方法に加えて、実際にサンプルデータを分析しながら会社の仕事として活用する方法まで幅広く解説しています。初心者向けにわかりやすさを優先して、挫折しないよう配慮しました。

PART1（GUIDANCE）：どうしてデータ分析が重要なのか

PART2（STUDY）：どうやってデータ分析を学ぶのか

PART3（PRACTICE）：どのようにデータを分析するのか

PART4（ACTION）：どうすればデータ分析で成果を出せるのか

　本書におけるデータ分析は、「繰り返し行われるデータの取得・準備・集計・分析・可視化を効率よく実行すること」と、定義とします。一連の作業をExcelで行いながら、仕事で一定の成果を出すことを目標とします。ではExcelを資料作成ソフトとして使っているフツーのビジネスパーソンにおいて、どうやってデータ分析スキルを身につければよいでしょう。まったく知らない状態からいきなりにインターネットで調べてはいけません（なぜなのかは本書で解説しています）。

もっとも本書を読んでも、年収1,000万円以上稼ぐGAFAのデータサイエンティストに転職したり、フリーランスや起業で成功したり、ましてやFIRE（早期リタイア）するなどは不可能です。そもそも本を1冊読むだけで実現できることではありません。だからこそ目の前にある仕事で確実に成果を出すべきであり、そのための手段がデータ分析なのです。

　データ分析を習得するメリットと言えば毎日の仕事が少し楽になったり、無駄な作業が減って帰宅時間が気持ち早くなったり、面倒な作業を効率化して周囲の人に喜んでもらえたり、その結果として人事評価が多少よくなってボーナスが3万円ぐらい増えるかもしれない程度です。データ分析は地味で面倒ですが、取り組めば確実に効果があります。それがデータ分析であり、現実なのです。

　いまやデータ分析はあらゆる仕事に求められるスキルになりつつあります。本書を読めば自分の仕事にどうやってデータ分析を活用するかが見えてきます。目指すゴールは“そこそこ”データ分析ができるビジネスパーソンです。会社を変えるデータサイエンティストになるのは大変ですが、担当業務でそれなりに成果を出すレベルなら、資料作成ソフトとして使いなれたExcelの秘められた力を解放させるだけで十分です。学生時代に苦痛だった数式も、偏差値でしか聞いたことがない統計も、黒い画面に浮かぶ呪文のようなプログラミングも不要です。

　そして組織の一員として行うデータ分析には技術力だけでなく、技術力“以外”も重要です。自分だけでできることには限界があり、データ分析は自分だけでは完結しません。そのために組織としてどうやってデータ分析に取り組むべきかも考えていきましょう。

　データ分析を身につけることは、今の仕事において確実にプラスとなりま

す。なぜならデータを分析しながら仕事をしている人は、まだまだ少ないのが現状だからです。本書の内容を習得すれば、ビジネスパーソン全体の上位3割ぐらいになれるでしょう。

　この「はじめに」はデータ分析の大学における入学案内パンフレットです。ひとつ上のビジネスパーソンとして、一歩踏み出すタイミングは今しかありません。

　それではページを進めて、データ分析の大学に入学しましょう。

2021年10月　マスクド・アナライズ

CONTENTS

PRACTICE [実践]
データ分析を実践する

PART
4

ACTION [実行]
データ分析で会社が変わる

本書は著作権法上の保護を受けています。著作権者、株式会社エムディエヌコーポレーションとの書面による同意なしに、本書の一部或いは全部を無断で複写・複製、転記・転載することは禁止されています。

本書に掲載した会社名、プログラム名、システム名、サービス名等は一般に各社の商標または登録商標です。本文中では™、®は必ずしも明記していません。

本書は2021年10月現在の情報を元に執筆されたものです。これ以降の仕様等の変更によっては、記載された内容（技術情報、固有名詞、URL、参考書籍など）と事実が異なる場合があります。本書をご利用の結果生じた不都合や損害について、著作権者及び出版社はいかなる責任を負いません。あらかじめご了承ください。

GUIDANCE

なぜ、データ分析は
重要か？

データを分析することが当たり前の世の中が、
すぐそこまで来ています。

まだハンコと電話とFAXで仕事してるの?

テーマ 〉 なぜ「データ分析」は進まないのか?

データサイエンティストブームの現実

本書を手に取られた方は、**「データ分析」に関心**があるでしょう。あるいは**「データサイエンティスト」になりたい人**かもしれません。こうした背景には「データ分析で成果を出す優秀なビジネスパーソン」や「データサイエンティストはGAFAやスタートアップで高収入を得ている」などのイメージもあると思います。それだけに「データ分析」に対する期待は高く、「データサイエンティスト」という職業への憧れがありました。

一方で、こうしたイメージに対して、現実社会における成果はどうでしょうか。データ分析で急成長を遂げた事例や、高い年収を稼ぐデータサイエンティストは、全体で見ればごく一部のたまたま成功した例に過ぎません。調査やアンケートにおいて、失敗したデータ分析プロジェクトや、一般的な年収より多少高い程度のデータサイエンティストが数多く存在することがわかります。成功すればリーダーがメディアに露出して注目されますが、失敗すればなかったことにされます。

データ分析はいまだ発展途上

現実問題として多くの企業やビジネスパーソンの業務において、まだまだデータ分析は活用されず、データサイエンティストは存在せず、コロナ禍という状況下でもリモートワークが一部に導入された程度で、電話とハンコと

FAXという昔ながらの環境で仕事をしています。こうした状況には、以下のような背景が存在します。

- 効率や成果よりも決められた手順を優先する前例踏襲
- 個別の業務を特定個人しか把握していない属人化
- 短時間で効率的な仕事よりも手間暇をかけた長時間労働が評価される
- データよりも役職が高く声が大きい人の意見を優先する

　本章ではあなたが働く会社の問題点を把握しながら、**データ分析の導入活用を阻む壁**について解説します。現状を把握せずに、データ分析における技術だけを身につけても、会社で活用できるかは疑問です。「敵を知り己を知れば百戦殆うからず」とあるように、まずは**データ分析を「やりたくてもできない」という現実**について知ることが先決です。本書を読み進めていくと、なぜハンコと電話とFAXがダメなのか、その上でどうやってデータ分析を活用するかが見えてきます。

図1 ITとビジネスツールの変遷

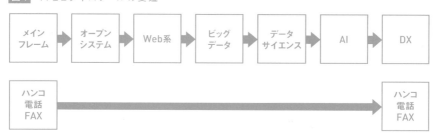

> **まとめ** ｜ 企業におけるデータ分析の導入と活用が進まない原因を把握する。

IT業界 VS 流行が読めない 大人たち

ブームはデータサイエンティストだけなのか

　企業において、昔から仕事のやり方は変わらないでしょうか？ 2021年時点において、ビジネス界隈で「DX（デジタル・トランスフォーメーション）」という単語が注目されています。これは「バズワード」と呼ばれる"言葉の意味はわからないがとにかくスゴそうな"用語の一種であり、定期的に登場しては技術や製品や事例がアピールされます。そして期待を胸に秘めた企業がお金と時間をかけて導入するものの役に立たず、ITへの不信感が募るという失敗を繰り返してきました。こうした背景には社内IT部門の開発や管理をずっと外注のIT企業に一任し続けた結果、**自社が本当に必要なものを見極められない**といった問題があります。

目前に迫る崖

　同様にデータサイエンティストブームにおける失敗の裏には、本来はデータ分析を業務とするデータサイエンティストに対して、技術以外の問題まで一任した点が挙げられます。データ分析の活用が進まない背景として、**変われない組織体制や社内文化という壁**があります。他にもデータ分析ツールなどを使いこなすスキルの不足や分析対象となるデータが整備されていないなどの問題も出てきます。そのためデータ分析やデータサイエンティストが活躍できない要因がありました。このような問題が企業において山積してお

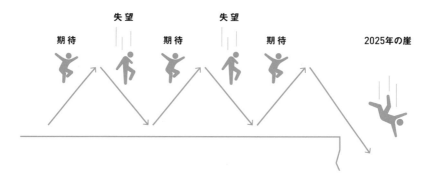

り、経済産業省が「2025年の崖」というレポートで企業におけるIT活用の諸問題について警鐘を鳴らすほどです。

　それでも読者自身がデータ分析を推進するのであれば、まずは自分から課題を探して解決しましょう。なぜなら**会社や現場によって、課題も答えも異なる**からです。最初は正解どころか問題さえもわからない状況でしょう。しかも同じ状況がない以上、前例も解決策も存在しませんが、そのために会社と現場に一番詳しいあなたが取り組むしかありません。本書も個別の読者に合わせた最適解までは提示できません。

　本書が手助けできるのは、第三者が並べ立てる意識だけ高い単語や期待させるだけの技術に惑わされず、**自分で課題を探して解決する手がかり**を見つけてプロジェクトを進めていくことです。それが本書における目標であり述べていくテーマとなっています。

図1　IT業界でブームが起こるたび、期待と失望を繰り返している

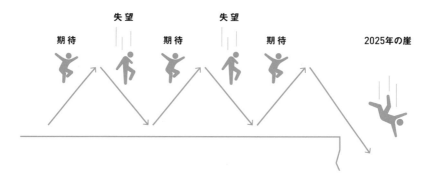

まとめ	ITに対する失望を繰り返さないために、自分の会社で活用できるデータ分析を模索する。

15

紙と神

Excelは資料作成ソフトではない

　Excelは「**表計算ソフト**」です。そして一覧表の形で様々なデータの計算や分析を行う「**データ分析ソフト**」でもあります。しかし、多くの場面ではExcelが表計算や分析ではなく、紙書類のレイアウトをそのまま再現するための「資料作成ソフト」として使われています。こうした印刷を前提したレイアウトでは、セル結合や罫線が多用されており「**Excel方眼紙**」「**神Excel**」と揶揄されます。

　このような元々存在した紙資料を再現するのは、作成に時間がかかり、データが入力しにくく、集計ができず、ファイルを再利用しにくいなどの問題があります。そもそもExcelというデジタルツールで、紙書類というアナログな業務を行うことが無意味です（Excelの自由度が高い反面、Wordの使い勝手に難がある故の弊害ですが）。Excel方眼紙と神Excelは、集計や分析を行う上では非効率を通り越して苦行となります。

Walls of MergeCells（セル結合の壁）

　まず対策として、集計や分析対象となるデータにおいて、Excelで**紙資料をそのまま再現したり、印刷を考慮する**ことをやめましょう。Excelで既存資料のレイアウトを再現せずに、Wordの表機能などで必要事項を入力して集計することは可能です。また、アンケートなどの集計であれば、Google

フォームなどのExcel以外のツールもあります。そもそもExcel方眼紙や神Excelは、紙資料で行っていた業務をExcelで置き換えただけに過ぎません。これではアナログからデジタルに変換しただけの「デジタル化」であり、分析のために必要な「データ化」とは異なります。昨今では紙の書類をデジタル化した「DX（デジタル・トランスフォーメーション）事例」もありますが、取り組みとしては道半ばと言えます。

　特にExcelの機能である**「セル結合」はデータ分析における大敵**です。本来は1セルに対して1データずつ登録する前提のExcelにおいて、その不文律を乱すのは神をも恐れぬ行為です。そして神Excelにおけるセル結合をバラバラにする作業は、来たるべきデータ分析への備えを怠った愚かな人類への天罰です。社内におけるデータ分析リテラシー向上のため、まずはExcelによる資料作成からの救済を目指しましょう。

図1 セル結合の罪における神の裁き

まとめ	Ｅｘｃｅｌ方眼紙と紙Ｅｘｃｅｌはデータ分析における大敵である。

IT介護とテクハラの対立

テーマ 〉 ITに対する理解度によって、人間関係の対立が生まれる。

会社でも介護が必要

データ分析が進まない背景として、ITリテラシーの問題が挙げられます。**ITリテラシーは情報技術に対する理解度や適応力**という意味で、昨今における事例を出すと「コロナ禍でオンライン会議や社内チャットを使いこなせるか」という問題です。

これらのツール導入においては少なからず反発やトラブルが起こり、関心がなく、使いこなせず、覚えようともしない人達が存在します。こうして上司がオンライン会議を行うたびに若手社員が"介護"する様子が、「IT介護」と揶揄されました。

対して、ITツールを使えない人に対する配慮を欠いた言動を、「テクハラ（テクノロジーハラスメント）」であるという声もあります。以前から社内IT部門と利用者で対立構造がありましたが、コロナ禍で深刻化したと言えるでしょう。

リテラシーの格差拡大と分断が生まれる

データ分析を導入活用するためには、分析ツールの利用だけでなく、業務で発生するデータを管理するなどのデジタル化は必須です。例を挙げれば、営業において契約につながる行動や顧客へのトーク内容を分析するには、専用ツールの利用やデータの入力などが必要となります。そしてハンコや電話

やFAXはデータですらないので、まずはそこから始めなければいけません。

　一方でデータ分析で成功した企業においては、既にデータ分析用のツールを使いこなして、分析に必要なデータがすぐに用意できる環境が整備されています。なによりも介護が必要な人材がいない点は大きいでしょう。

　先進的な企業が業務におけるデータ化と分析で効率化する中で、遅れた企業はいつまでも書類にハンコを押してFAXで送信して電話で連絡していれば二極化が進みます。しかしIT介護とテクハラの問題を放置したままでは、社内で抵抗と反発を受けて失敗につながります。まずは**リテラシーによる対立を解消**することが必要と言えます。

図1　IT介護の図

まとめ	データ分析の準備において、IT介護やテクハラの問題を解決することが必要となる。

ビジネススキルは
KKDからDNAへ

テーマ 〉 まずは意識を変えることから。

勘と経験と度胸で業績向上？

　企業でデータ分析を導入するにあたって、どのように説得すればよいでしょう。企業としては成果につながれば検討できるので、売上を伸ばすきっかけとしてデータ分析を提案する方法があります。かつての営業スタイルとして、気合と根性で1日300件の飛び込み営業によって、低い成約率を数でカバーしつつ、何度も会って根負けさせる人間の感情を利用する方法がありました。元気があれば何でもできる時代なら、通用したでしょう。しかしこの方法は非効率であり、仮に売れても実力なのか運なのかがわからず、他の人が行っても同じ成果を得られるとは限りません。現代であれば興味のない人にまで手当り次第に押しかけるよりも、ネット広告などで関心がある対象に絞り込むなど、方法論も変わってきます。また、営業において相手先に直接訪問では移動や時間の無駄が多いですが、オンラインでも対面営業で商品の説明やデモができますし、相手の表情なども見えています。こうしたツールを活用して**データの蓄積と分析を重ねれば**、成績のよい営業担当のノウハウを分析して共有するなど、**組織全体をスキルを底上げ**できるでしょう。

データ・数字・分析への転換

　このような例を出すと「オンライン商談では心が伝わらない」という意見も聞こえます。しかし、これまでは勘と経験と度胸（KKD）が重要視された

営業という仕事も、データ分析によって効率化すれば人間性を尊重した働き方を実現できます。かつては重視された積み重ねによって生まれる勘も、大量のデータによる分析があれば再現できます。長い時間が必要だった経験の蓄積や勘を磨くことも、データ分析で補助できれば利点もあります。今の時代に必要なのは、**KKD（勘・経験・度胸）ではなくDNA（データ・数字・分析）**なのです。

　これまでビジネスパーソンに求められるスキルは、様々な形で論じられてきました。わかりやすい説明と資料で相手を説得するプレゼンテーション力、チームの能力を発揮させて運営するマネジメント力、会計や財務などのファイナンスなども挙げられます。加えて、データサイエンティストブームでデータ分析スキルも注目を集めました。

　いまやどんな職業であっても、データに触れない機会はありません。一見すると長年の経験が求められる農業や漁業でも、データを活用して、新規就労者がスムーズに取り組めるなどのメリットがあります。データを用いることで、長年培われた先人の知恵を利用して無駄な苦労をせずに済みます。あなたが仕事で生み出すデータには、いろいろな活用方法があると覚えておきましょう。

図1 勘・経験・度胸（KKD）から、データ・数字・分析（DNA）へ

まとめ	データの活用により、人間性を尊重した働き方を実現しながら業績も上げられる。

根拠なき戦い 統計解析編

慣習や思い込みを見直すきっかけ

　まだまだKKD（勘・経験・度胸）が残る一方で、先進的な企業では、様々なデータが分析・活用されています。例えば、リモートワークに移行した企業では、社員同士のコミュニケーションにおける量や質、周囲に人がいない不安の解消などがあります。こうしたデータ分析において、新たなデータを収集、分析、共有することで、漠然とした印象や思い込みに対する要因が明確になり、社員の意識変化なども生まれます。これは前例を踏襲する古いやり方では疑われなかった「**根拠なき主観**」が、データ分析で覆されます。

　代表的な例は、これまで正確な効果を検証できなかった取り組みに対する効果測定です。美容家電など女性向けの商品開発において、カラーバリエーションに必ずと言っていいほどピンクが採用されます。これには「女性はピンク色が好き」という前提がありますが、あくまで印象にすぎません。実際に好きだとしても、どのような理由でどれくらいの人数が好むかを把握した上で決めるべきです。このような**根拠のなき意思決定に対抗して、統計を用いた根拠**が求められます。読者視点としては、仕事における「データがないからわからない」「根拠はないが正しいはず」という根拠なき前例に対して、統計で戦っていきましょう。

あらゆるデータが分析対象となる

　特に金銭や効率が絡む場面では、データによる裏付けを示さなければなりません。データ分析による業務効率化は、いろいろな分野で導入が進んでいます。また、明確な数字やデータが存在する業務だけでなく、契約書の文面から精査が必要な項目を判断したり、広告やデザインなどのクリエイティブを判断する事例も登場しています。仕事を通じて発生するあらゆるデータが分析対象となる時代に突入してきました。これまで人間の思い込みや経験則による意思決定が、データによって判断されるようになれば、仕事の進め方も大きく変わるでしょう。業務で何かを行う場面においてデータが重要になれば、**データを分析する技術や知識**が求められて、分析ツールを使いこなす場面もあります。そのような時代になれば、あなたに求められるビジネススキルも劇的に変化するでしょう。本書では分析の根拠としての統計や、データの見せ方なども紹介していきます。

図1 広告効果の高いAI人物モデルを生成するサービスも生まれている

サイバーエージェントが提供する「極予測AI人間（キワミヨソクエーアイニンゲン）」は、AIを用いた効果予測技術とCG制作技術を活用し、広告効果を出せる架空のAI人物モデルを生成していくサービス
https://www.cyberagent.co.jp/news/detail/id=25322

> **まとめ** ｜ 企業における意思決定において、データと根拠が求められる。

コミュ力を発揮する相手は
人間からデータへ

テーマ 〉 ビジネスで重要視されるコミュニケーション能力は、
時代によって変化する。

コミュニケーション能力は、なぜ必要なのか?

　優秀なビジネスパーソンの定番スキルとして、「コミュニケーション能力（コミュ力）」が挙げられます。対面での会話はもちろん、メールや文書なども含めたコミュニケーションは、どんな仕事でも重要です。そもそも会社で働く中では、個人が負う仕事内容や責任範囲は一律ではなく、ときとして不明瞭です。さらに、仕事に必要な情報を伝えるだけでなく、**相手と円滑な関係**を構築する必要があります。自分が何を求めているかを伝えて、相手に何をしてもらうかを、一方的な命令ではなく、適切に指示することが重要です。例えば工場において、社内外を含めた様々な工程で多くの人が作業を行います。製品の要求を満たしつつ、トラブルを起こさず、元請けと下請けという上下関係は維持しつつ、永続的な取引を維持するために、**自分以外の人間に気持ちよく働いてもらう能力**が求められます。これを実現するために企業はコミュ力が高い人材を採用するわけです。こうして曖昧な環境の中で円滑に仕事を進めることで、コミュ力の高い人が優秀な人材として出世する仕組みができ上がりました。「コミュ力」は、いわば人間の気持ちをコントロールする「社内政治」や「根回し」に有効なスキルです。

データにもコミュ力が必要?

　これからも従来通りの「コミュ力」は重要なビジネススキルであり続ける

でしょうか。一方で、データ分析において、**データとコミュニケーションを取る場面**が劇的に増えます。しかしデータを眺めるだけでは、何も得られません。そのために、無機質に羅列されたデータからいろいろな意味を読み取る「コミュ力」も必要となります。そして、どんなデータがあるのか、足りないデータは何か、手元のデータから何を取り組むべきかといった課題も見極めます。

　これからは**人間とデータの二つの意味で「コミュ力」を強化**しなければいけません。データから意味を読み取るには、統計や数学など難しいイメージがあるかもしれません。もっともデータ分析を本格的に理解するには必要ですが、一般のビジネスパーソンが活用する範囲なら身構える必要はありません。まずは売上を集計して人気商品を把握してレポート化するなど、簡素なものから学びましょう。

図1 コミュ力の対象も変わる

まとめ | 対人間で空気を読むだけでなく、データの伝えたいことを読み取る「コミュ力」も必要になる。

データを制する者は
ビジネスを制す?

テーマ 〉 データは原油と同じく技術と手間をかけて精製すれば、貴重な資源になる。

データの価値が高まる21世紀

「Data is Oil（データは石油である）」という言葉が示すように、世界的なIT企業が保有するデータはかつての石油のように重要性が高まっています。正確にはデータは「石油」よりも、油田から産出される「原油」と呼ぶべきでしょう。なぜなら、「不純物が多すぎる」「精製しないと価値がない」「用途に応じて使い道が幅広い」「探せばいろいろな場所から出てくる」「量や質が異なる」「取り扱いを間違えて事故を引き起こす」という特徴は、データとも共通します。地下に埋まった不純物の多い原油のままでは価値が低いように、データも社内にあるだけでは意味がありません。技術と手間をかけて精製し、**用途によって適切な使い分け**が求められます。つまりデータにおいても、整備（必要なデータを用意できる）と整美（きれいな状態で管理する）が重要です。同じく危険物として取り扱いに注意が必要なので、個人情報などは厳重に管理しましょう。

地に足のついたデータ

データはインターネットによって、国境、人種、業界、企業という壁を越えて収集されます。データは言語や文化を越えた世界共通語のようなものです。採掘されていない油田のように、まだまだデータが埋まっている場所はいくらでもあります。これまで技術やコストの問題で収集できなかったデー

タも、収集して分析できれば、価値はさらに高まっていくでしょう。石油が20世紀の社会を発展させたように、これからはデータによって様変わりしていきます。もっとも本書では「ニュースで話題になる世界中の膨大なデータ」という意味合いではなく、**より地に足のついたデータの話**をします。「GAFAが保有する数十億人のデータ」も、「社内のデータベースにある第2営業部の社員別売上一覧」も立派なデータです。まずは身近なデータに目を向けましょう。「データを石油に例える話は古い」「機械やインフラ設備におけるデータに活路がある」「日本はネット上で管理されていないリアルデータで戦うべき」などの意見もあります。しかし、世の中はまだまだアフターではなく、ビフォーデジタルであり、二重に収穫する仕組みはあくまで理想論でしかありません。まずはパソコンとExcelで管理できる「**今そこにあるデータ**」こそ、あなたが取り組むべきデータ分析です。

図1 データは石油のように、様々な用途で使われる

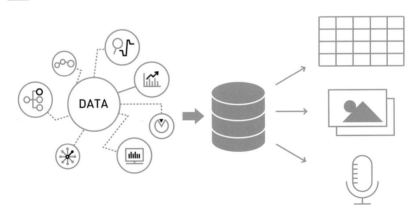

| まとめ | まずは社内の「今そこにあるデータ」を、Excelで分析してみよう。 |

"強い会社"は
データ分析で成長する

テーマ 〉 成功を収めたスマホアプリも、データに基づいて改善を重ねた。

感性や直感ではなく、データで判断する

　かつてはデータ分析ができる業務は一部でしたが、現在は多岐に渡る分野で活用が進んでいます。ネット通販などのWebサイトやスマホアプリは、データの取得と分析が容易であり、様々な分析が行われています。読者のみなさんが利用している有名なアプリも、データ分析で大きく成長しました。大人気のアプリがはじめから使いやすかったり、いろいろな機能があったわけではありません。最初は操作がわかりにくかったり、少ない機能で不満が挙がることも珍しくありません。しかし、アプリなら利用者のデータを取得しながら確認できます。例えば画面を見やすくする場合、二つあるデザイン案のどちらを採用すべきでしょうか。重要なのはデザイナーの感性ではなく、ユーザーにとっての使いやすさです。ここで「A/Bテスト」という手法を使って、二通りのデザインをユーザーに提供して、実際の使い勝手をテストします。デザイナーの感性や社長の直感に頼らず、**データによってユーザーが使いやすいデザイン**を判別できます。

データ分析を繰り返した「メルカリ」

　身近な事例として、フリマアプリ「メルカリ」が挙げられます。メルカリで気になる商品を調べると、出品中の商品一覧が表示されますが、その中にあえて売り切れの商品も表示されます。ここで「購入できない商品を表示し

ても邪魔になる」と考えて、売り切れ商品を非表示にした結果、購入率など
の数値が悪化しました。あえて売れた商品を見せることで、利用者は「買い
たい商品を見つけるため、こまめにチェックしよう」と思います。こうした
改善を繰り返して、「ヤフオクに勝てるわけがない」と無謀な挑戦とされた
メルカリは、「空気のように出品する」を実現しました。月間ユーザー数が
1,755万人まで増えて、海外にも進出しています。もちろん成功の裏には、膨
大なデータの蓄積、分析を繰り返してアプリを改善する組織体制といった背
景があります。このような取り組みはデジタルであれば簡単ですが、物理的
な商品やサービスでは手間がかかります。仮にペットボトルのお茶に2種類
のパッケージを用意して、どちらが売れるかを判別するには、多大な労力と
費用がかかるでしょう。一方で**デジタルでは、こうした実験が容易にできる**
点が強みとなります。そしてデータが取得できる環境であれば、これまでわ
からなかった解決策や成長の機会も見えてきます。これまで取得できなかっ
た、あるいは活用できなかったデータを改善につなげていく人材が求められ
ています。

図1 A/Bテストでは、データによってユーザーが使いやすいデザインを決める

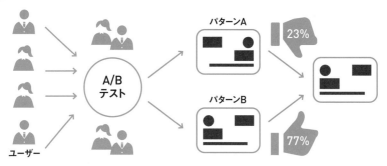

| まとめ | データを取得して改善を重ねる環境であれば、新たな成長の糸口を見出せる。 |

データ分析は
IT企業だけの特権か?

テーマ 〉 データ分析によって新たな道を切り開いた企業。

身近な企業に見るデータ活用の成功例

データ分析で成長する企業は、ネット通販やスマホアプリを手がけるIT企業だけでしょうか。データ分析によって会社と仕事を変えたのは、IT企業だけではありません。身近な企業の事例を挙げてみましょう。

- くら寿司:これまでベテラン社員の勘と経験に頼っていたレーンに流す寿司を、蓄積された客層や時間帯別の注文データで分析。食材の廃棄率を大幅削減するだけでなく、多店舗展開における人材育成を効率化した。
- ワークマン:フランチャイズの店舗ごとで売上予測を分析して、商品の発注タイミングや数量指定を効率化。
- コマツ:ショベルカーなどの建設機械にセンサーを取り付けて、稼働状況を分析。故障の予測や部品交換の把握だけでなく、位置情報による盗難防止を実現した。
- オープンハウス:社内の膨大な資料から顧客ごと合わせた内容を選び、営業時に最低限必要な6種類の資料(契約概要、土地見取り図など)を一つのデータにまとめる。また、住宅を建てる土地の分割(区割り)において、法律や条例に準拠した最適な案を導き出すには、ベテランでも数日かかっていた。これをデータ分析によって必要な情報を入力するだけで、自動で分割案を作成できるようになった。

- 大阪ガス：家庭用ガス機器の故障発生時における部品使用実績データを分析。電話での受付内容やガス機器の情報等から、故障を修繕する際に用いる確率が高い部品を自動抽出するロジックを開発することで、ガス機器の故障が発生した際、修繕対応の即日完了率の向上につながった。
- JR西日本：新幹線車両の台車における着雪量を予測する。精度の高い着雪予測に基づき、雪落とし作業発動要否の意思決定を支援することにより着雪除去作業における人件費削減を狙う。

どの会社も、データを活用して様々な形で問題を解決しました。これは決して**「有名な大企業だからできた」ではありません**。中小企業においても、個人でもデータ分析を活用した事例は多数あります。

図1 データ分析を活用して業務改善に成功した企業例

大阪ガス株式会社
https://www.osakagas.co.jp/company/
enterprise_future/article10/

西日本旅客鉄道株式会社（JR西日本）
https://www.westjr.co.jp/company/recruit/
fresh/person/p60/

| まとめ | 小さな会社や個人でもデータ分析を活用して成長できる。 |

それでもカイシャは
変わらない?

変革を阻む壁

これまで述べてきたように様々な形でデータやデジタルによる変革が進む一方で、頑なに変わらない会社も存在します。データの利活用はどの業種・業界においても重要ですが、導入を推進している会社はまだまだ限られています。そこには会社における多くの壁が立ちはだかります。

こうした壁がある以上、自分一人で会社を変えるのは難しいでしょう。ま

図1 変革が進まない要因

外注の壁	社内IT部門が外注委託に依存しており自発的な取り組みが進まない。
費用の壁	古い社内システムの維持管理コストが高く、新規投資ができない。
文化の壁	社内文化としてデータ分析の価値を低く見積もっている。 社内IT部門の地位や発言力が低く提言が届かない。
人材の壁	社内にデータ分析を推進できる人材がいない。 ITに不慣れな人が多く、関心も低い。
環境の壁	PCやネットワークなど社内のIT環境が未整備。 セキュリティを優先してデータの利用や分析ツールの導入ができない。
認識の壁	データ分析を活用できる業務は無いと思い込んでいる。
データの壁	社内にデータベースが乱立して、データの連携や統合ができない。 データ整備にかかるリスクや費用に対して、効果が低いとされる。
現状維持の壁	今のやり方を変えたくないという現状維持バイアス。 業務への影響力が強い現場の説得に影響する。

た、図1に挙げた要因は一例であり、会社や業界などによって異なる問題を抱えています。その上で、どのようにして会社にデータ分析を取り込むべきでしょうか。

図1で挙げた問題の一覧において、すぐには解決できないものもあるでしょう。まずは状況を見極めながら**小さな課題から取り組み、成果や信頼関係を構築する**という、RPG（ロールプレイングゲーム）におけるレベル上げのような手順で進めていきましょう。

必要なのは、現実的な解決手段です。まずは今の環境でできる範囲で小さなことから取り組みつつ、自分の仕事から変えてみましょう。働く環境を変えるのは、その後でも十分です。まずはあなたが担当する業務において、データ分析で成果を出せる部分を見つけましょう。

図2　社内には高い壁がいくつもある

| まとめ | 会社全体を一気に変えるの難しくても、あなたの仕事から変えてみましょう。 |

激化する人材争奪戦

テーマ ＞ IT企業以外もITエンジニアの採用を強化している。

募集しても応募すら来ない!?

ここまでデータ分析の導入活用における壁や、先進的な企業と遅れた企業の違いについて紹介しました。これはIT業界に限らず、様々な業界にも影響しており、地域や企業規模によっても格差が広がりつつあります。もちろんデータ分析に適した企業、一定のデータを保有するが分析はできていない企業、データの取得が難しい企業などで違いはあり、一概に比較できません。

それでも環境の違いはあれど**データ分析による格差は確実に拡大**しています。例えば、データサイエンティストと採用において、働く側としては待遇がよい企業、つまり既にデータ分析で利益を出して働きやすい環境が整備された企業を選びます。さらに人材不足が叫ばれるだけでなく、コロナ禍によるテレワークの普及によって、地方在住者が東京の会社で働くハードルは下がっています。特にデータサイエンティストの需要が高く待遇のよいIT企業の約3〜4割が東京に集中しています。そうなるとデータ分析の環境が未整備な地方や中小企業においては、採用が難しくなるでしょう。

IT企業"以外"で進むデータ分析の推進

一方で、IT企業以外においても体制強化として、データ分析を推進させる人材のヘッドハンティングが進んでいます。これまで一般的な転職サイトやイベント会場で採用していた大手製造・小売業などが、ITエンジニア向けの

イベントサイトで告知をしてオンラインで会社説明イベントを開催するのは、以前では考えられませんでした。ただでさえ人材が不足する中で、**IT企業以外でも激しい争奪戦**が繰り広げられています。IT企業以外における人材登用の例として、中途採用者が中心に構成されたデータ分析チームを擁する三井住友海上火災保険、DXプロジェクトの責任者として大手IT企業出身者を執行役員で迎え入れた中外製薬、外資系IT企業のトップエンジニアを技術顧問に招聘したデンソー、ロボットやAI研究の第一人者を研究開発部門のトップに据えたトヨタ自動車などが挙げられます。また、採用に限らず社内人材の育成として、新入社員を社内AI大学で2年間研修させるダイキン工業などもあります。こうした積極的な採用が目立つ企業と、そうでない企業において、データ分析の格差は目に見えてわかるものではありません。そして目に見えない問題だからこそ、顕在化するまで放置されます。いまそこにある危機として、**データ分析に強い人材を確保**することは急務と言えるでしょう。

図1 IT人材の質

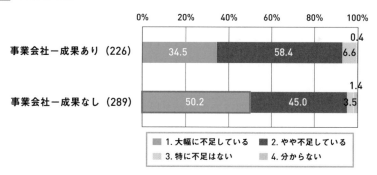

出典:情報処理推進機構「デジタル時代のスキル変革等に関する調査」23ページより抜粋
https://www.ipa.go.jp/files/000090458.pdf

まとめ | 新たにデータサイエンティストを採用するには、大企業やIT企業以外とも競争となる。

大事なのは技術力"以外"!?

テーマ 〉 データ分析における技術力だけでは、会社を変えることはできない。

メリットや利益で貢献できるか

　現場から会社を変えるために、まずやるべきことがあります。会社が求めているのは、**利益の創出**です。**「売上が増える」「コストが減る」**などの利益があれば、会社としても検討する価値が出てきます。「これからはデータ分析が重要です」という理想や信条だけでは、会社は動きません。まずは小さな改善案でもいいので、データ分析のメリットを考えてみましょう。その上で課題設定や解決策を提示していきます。自発的に課題を探して、データと数字で解決して利益を出せるかどうかの入り口を見つけましょう。

　そして社内を動かす能力は、データ分析の技術とは異なります。社内で「データ分析をやるべき」と声を上げるのではなく、必要な予算や手間を考慮した上でどれだけの成果が期待できるかを提言しましょう。

データサイエンティストだけにおまかせは厳禁

　データ分析が当たり前となった時代に求められるのは、データサイエンティストのように**データと数字を理解**しており、**根拠を持って意思決定と行動ができる人材**です。やるべき仕事として自発的に新たな取り組みを考えて、実行と改善を繰り返す力が求められます。具体的には分析を行う必要性やビジネスプランを考えて、計画を立案し、実行から改善を行うサイクルです。データ分析の専門家たるデータサイエンティストではなく、普通のビジ

ネスパーソンがデータ分析スキルを身につける理由はここにあります。社内の業務を把握して、**課題設定としてデータ分析を活用できる部分を見極める勘所**を持っているからです。また、社内政治における経営者や現場社員の説得などを補完する役割でもあります。このような説得や交渉は、技術力を持つデータサイエンティストが取り組む問題ではありません。

　データ分析プロジェクトには、分析以外にも多くの業務が発生しますが、**すべてをデータサイエンティストに任せては、確実に失敗します。**これは本人の責任ではなく、周囲の理解と支援が足りないためです。そこで、データ分析の見識と分析力に加えて、幅広いスキルを合わせ持った**バランス型人材**によるフォロー体制を構築しましょう。これができずに「指示する側が偉いから一方的に命令すればよい」という認識から脱却できなければ、データ分析プロジェクトにおける失敗要因となります。

　このようなデータサイエンティストを支えるスキルは、理系出身者しか習得できないのでしょうか。データ分析においては、文系も理系も体育会系もそれぞれの強みを用いて、自ら身につけるしかありません。そして自分の得意分野だけでなく、新たなスキルとして**「分析力」"も"備えた人材**を目指しましょう。

図1　これからのビジネスパーソンに必要なスキル

| まとめ | データサイエンティストではない、フツーのビジネスパーソンも分析力を身につけるべき。 |

勇者型データ分析人材に なろう!

テーマ 〉 データ分析力＋自分だけのスキルで、厳しい戦いを 乗り越えていく。

分析力ではデータサイエンティストには敵わない

　本章ではフツーのビジネスパーソンこそ、データ分析スキルを身につけるべき背景を説明しました。専門家たるデータサイエンティストほどでなくとも、仕事をする上でデータ分析スキルは必須と言えるでしょう。しかし**分析力だけを比べれば、データサイエンティストの方が遥かに高いです。**一方で課題設定や社内調整など、データ分析に必要な他の業務を支援するといった役割分担も重要です。データ分析力だけでなく、データ分析で成果を出すために必要な様々なスキルを身につけたバランス型の人材を目指しましょう。

　本書で提唱するバランス型のデータ分析人材を国民的RPGで説明すると、特定の能力に特化した戦士や魔法使いではなく、**幅広く様々な役割をこなせる勇者のような存在**です。業務における**ビジネス力、データ力、分析力、社内政治力**などを用いて、**チームをまとめ上げて、会社や仕事を変えていく役割**が求められます。

エンディングまで諦めない

　幅広いスキルに加えて、他の職種では真似できない唯一無二となるスキルも重要となります。これは**プロジェクトマネジメント**という、推進力や実行力、メンバーを統率する**リーダーシップ能力**です。データ分析など特定分野は他のメンバーに任せつつも、お互いを尊重して助け合うことが重要です。

その上で、チームのまとめ役が重要となります。成果を出すために冷静で的確な判断力でメンバーに指示を出しつつ、どうすべきかを考えて、いざとなれば自分から手を動かすことも求められます。

こうしたプロジェクトマネジメントまでこなせるデータ分析人材は、勇者のように稀有な存在です。データサイエンティストは徐々に増えていますが、課題の発見からプロジェクトを推進できる人材の活躍はこれからです。データ型勇者型データ分析人材はあくまで目標であり、簡単にはなれません。フィクションなら転生すれば勇者になれますが、現実世界でそんな都合のよい展開はありません。ゲームのエンディングまで諦めないように歩み続けることが重要です。そのために必要となのは、学習と実践による努力のみです。次の章からは習得方法について説明していきます。

図1 「勇者型データ分析人材」は憧れの存在

まとめ	分析力に加えて幅広いスキルを持つ「勇者型データ分析人材」が理想像。

もしも漫画のデータ分析キャラが 現実世界に転生したら

　読者のみなさんは「データ分析が得意な人」と聞くと、どんな人物をイメージしますか？ ありがちなのは「スポーツ漫画でトーナメントの2回戦あたりで登場する、ノーマークの進学校だが対戦相手のデータを分析して勝ったキャラ」あたりでしょうか。もっともこの手のデータ分析キャラは、序盤は弱点を突いて有利に進めるものの、途中で主人公のデータにない能力が覚醒して敗北する噛ませ犬ポジションです。

　しかし現実では、漫画のような結末には至りません。スポーツにおけるデータ分析は、古くは野村克也さんのID野球をはじめとして、非常に重要な役割です。

　漫画では「主人公が勝つ」というストーリーに合わせて、「対戦相手をどう魅せるか？」を作者が創造します。一方で現実の仕事は先の展開を自分で作れないため、データ分析で解決策を探るしかありません。そんな状況で「データ分析キャラ」がいれば、スポーツ漫画とは違って大活躍してくれるでしょう。

図1　データ分析キャラのイメージ

スポーツ漫画の世界では主人公に敗れる

現実世界、特にビジネスでは大活躍

PART

2

STUDY

データ分析を学ぶ

本書が提唱する"勇者型データ分析人材"に
なるための学習法を説明します。

「社会人OS」をアップデート

スマホも社会人もアップデートが必須

　前章では、データ分析の重要性や企業におけるデータ分析を阻む壁を説明しました。こうした環境を打破する人材として**勇者型データ分析人材**というバランスの取れたスキルを持つ人物像を提唱しました。そして、スキルを身につけるには学ばなければいけません。学校を卒業して社会人として経験も積んで、今さら何を学ぶのかと疑問に思う方もいるでしょう。ここでスマートフォンのアップデートを思い出してください。スマートフォンのOSは定期的に細かな問題が修正され、年に1度大きなアップデートが行われます。ここで4〜5年前の古い機種では最新のOSが使えなくなり、新しく買い替える必要があります。そのまま使い続けることもできますが、セキュリティの問題が放置されたり、最新機能が利用できないなど不便があるでしょう。

アップデートしなければ旧型のまま

　古いことが問題なのは、スマートフォンに限った話ではありません。学生時代に学んだ知識や、新入社員時代に受講した社内研修が、役に立たない可能性は十分あります。ずっと同じ会社、同じ業界、同じ仕事をしていると**外部の変化に気づかない**かもしれません。これは日進月歩で技術が進化するIT業界でも、例外ではありません。先端技術に取り組む人は熱心に学びながら転職やキャリアアップを狙いますが、ずっと古い技術で同じ仕事をしている

人は、新たなスキルを身につける意思もなく、将来において自分のスキルが陳腐化する心配もしていません。

もしも「データサイエンティストに転職して年収アップできる」というイメージも持っていれば、**学びと経験がなければ、転職や年収アップは不可能**だと認識を改めましょう。そして学ばなければ年収アップや転職どころか、今の会社で働き続けることもできない危機感が必要です。

人間もスマートフォンのOSと同じで、定期的に新しい情報や知識を身につける必要があります。今はリモートワークやオンライン会議に対応できない年上世代に対して「使えない」「役立たず」と思っていたら、いつかアップデートされていない自分自身が「旧型」になるでしょう。「勉強を始めるのに『遅い』はない」と言われますが、早い方がよいのです。まずは「社会人になったら勉強しなくていい」という認識を改めて、**あなたの"社会人OS"をアップデート**しましょう。

図1 先端IT従事者と先端IT非従事者のスキルアップ意欲の違い

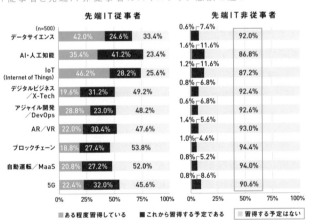

先端IT従事者は勉強熱心だが、非先端IT従事者は不勉強である
出典:経済産業省「我が国におけるIT人材の動向」21ページより

| まとめ | 知識やスキルは、世の中の変化に合わせて常にアップデートしなければならない。 |

データ分析を
広く浅く身につける

何を学べばどんな仕事ができるか?

データ分析を習得するには、多くの知識や技術を身につける必要があります。データ分析の学習は憧れや理想に対して面倒なこと多く、仕事で結果を出して年収をアップさせるには、相応の苦労があるので、途中で挫折するかもしれません。しかし、一見するとすぐには役に立たない知識や技術も、**実際に分析を行う場面で重要性**が見えてきます。本書における解説がどのように役立つかを説明します。

- Excel:データの集計や分析を行い、問題点や傾向をあきらかにする。
- データの準備:データを取得して、分析できる状態に整備する。
- 思考力:結果を元にどのような改善施策を行うべきか立案できる。
- 統計:分析における根拠や背景を示すことができる。
- 社内政治:データ分析を社内で推進するために必要になる。

データ分析の技術や理論を学ぶのであれば、専門の技術書でよいでしょう。しかし会社でのデータ分析には利用できるツールが制限されたり、すぐに分析できるキレイなデータがなかったり、実行できる施策にも制限があり、自分以外の人を説得する場面もあります。技術以外も重要だと認識してください。

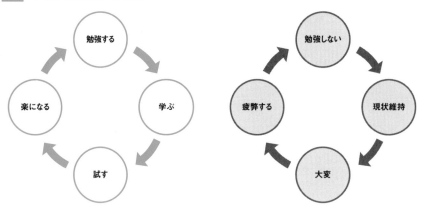

自身の成長をイメージしてみる

　データ分析には技術力も重要ですが、それ以外の能力も必要になります。本書ではPART3でデータ分析に必要な技術や知識について、PART4では会社の中で仕事としてのデータ分析に必要な社内政治といった技術以外の側面を学びます。そして本書で紹介するのはあくまで基礎的な面であり、必要に応じて専門的な分野は自分で身につけましょう。そのために**何を調べて、どのように学び、継続して学習するコツ**について、本章で解説します。今は将来の成長をイメージすることはできないかもしれません。しかし本書をひと通り読んでから業務で経験を積めば、どんなデータ分析者を目指すかというゴールも見えてきます。まずはその見極めを目標にしましょう。

図1 学習しなければ進歩はない

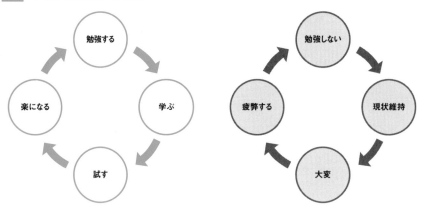

分析リテラシーを高めると、効率化するサイクル（左）。
分析リテラシーを学ばないと、非効率のまま（右）

まとめ　「何を学べばどんな仕事ができるか」の具体的な成長イメージを描いてみる。

専門家としての
データサイエンティスト

テーマ 〉 本物のデータサイエンティストに必要とされるスキルセット。

データサイエンティストに必要な能力

データサイエンティストに資格や免許は不要なので、名刺や肩書きだけの"なんちゃって"データサイエンティストには誰でもなれます。一方では、専門的な知識や技術を持ち合わせた"ちゃんとした"データサイエンティストになるのは簡単ではありません。本書では「企業活動における多種多様なデータ分析において、**理論から把握して根拠を示しながらビジネスで成果を出せる人材**」を「データサイエンティスト」としています。

専門家としてのデータサイエンティストのスキルセットとして、データサイエンティスト協会の提唱する「ビジネス力」「データエンジニアリング力」「データサイエンス力」をベースにしてまとめました。専門用語も含まれていますが、わからない単語は後で調べてみましょう。

ビジネス力
- 成果につながる課題設定
- BIツールなどによるレポート作成とプレゼンスキル
- 業務を円滑に進めるコミュニケーション能力

データエンジニアリング力
- データの収集・構造・蓄積・加工などの前処理
- SQLなどによるデータベース操作

- クラウドで構築されたデータベースの利用

データサイエンス力

- 統計学の知識（統計検定準1級程度）
- 理系大学卒業程度の数学力
- Neural Network／Deep Learning／機械学習の知識
- Python／Rによるプログラミング

　ここまで挙げた内容は、データサイエンティストとして求められる必要最低限のレベルです。**さらに特定分野を伸ばしていく**ことが求められます。しかし、一人ですべてのスキルを高いレベルで身につけるのは困難です。そのため、**分析やデータベースの管理**などで職務を分担して、チームで運用するのが一般的です。より深く知りたい方は、データサイエンティスト協会が公開している「データサイエンティスト スキルチェックリスト」をご覧になってください。また、有名IT企業の人材採用に掲載される応募資格を参考にしてもよいでしょう。ただし、厳密に言えば、データサイエンティストのスキルセットは個人の専門性や働く環境によって異なるため、ここで挙げたものはあくまで一般的な例と捉えてください。

図1 データサイエンティストに求められるスキルセット

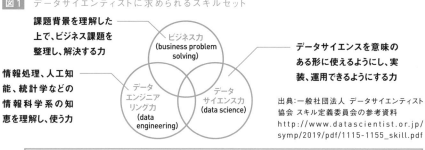

課題背景を理解した上で、ビジネス課題を整理し、解決する力

ビジネス力
(business problem solving)

データサイエンスを意味のある形に使えるようにし、実装、運用できるようにする力

情報処理、人工知能、統計学などの情報科学系の知恵を理解し、使う力

データエンジニアリング力
(data engineering)

データサイエンス力
(data science)

出典：一般社団法人 データサイエンティスト協会 スキル定義委員会の参考資料
http://www.datascientist.or.jp/symp/2019/pdf/1115-1155_skill.pdf

> **まとめ** データサイエンティストには、3つのスキルセットがベースになる。

統計と数学と
プログラミングは必須?

テーマ ＞ フツーのビジネスパーソンに必要なデータ分析のスキルは?

読者対象は誰なのか?

　本書は、データ分析を含むIT全般に対して専門的な知識やスキルを持つ「ITエンジニア」ではなく、**フツーのビジネスパーソン**を対象読者にしています。

　そのため、統計と数学とプログラミングは意図的に避けています。これらは苦手意識のある方も多く、最初から必修科目にすると挫折する人も出てきます。自発的な知的好奇心で学ぶ方ばかりでなく、仕事で必要に迫られて半ば強制的に学習している人や、「転職して年収アップ」などある意味で純粋な目的で学ぶ人もいるでしょう。どこを目指すかは人それぞれです。

　また、これまで習得した知識や経験は人それぞれ異なりますし、才能や適性も大きく影響します。すべての社会人が統計と数学とプログラミングを理解するのは、現実には難しいでしょう。そのため本書では理論や根拠について深く言及せず、**基礎的なリテラシーを中心に敷居を下げてわかりやすさを重視**しています。

データサイエンティストになるハードルは高い

　ただし、専門職としてデータサイエンティストを目指すのであれば、統計と数学とプログラミングを避けては通れません。理系を専攻して大学で統計や数学を学んでいたり、ITエンジニアとしてプログラミングを経験した方は

有利ですが、そうでない人は相応の学習も必要です。他にもITに関する多角的なスキルが求められるため、簡単になれるものではありません。「未経験から3ヶ月でデータサイエンティストなれる」などの意見もありますが、仕事で成果を出せるかは別です。専門家たるデータサイエンティストになるのは、厳しい道のりだと覚えておきましょう。

　まずは「なぜデータ分析が大事なのか」「データ分析でこんな事ができる」という基本を、"そこそこ"把握することが重要です。**0から1に進む入り口が、本書の役割です。**そして、データ分析のスキルを1から10に伸ばすには、統計や数学やプログラミングが必要になります。なぜなら「データ分析」と言っても、売上集計などの簡素なものから、複雑な分析まで幅広く存在します。そこでフツーのビジネスパーソンが最初に目指すのは、「**Excelで"そこそこ"データ分析ができる人**」です。まずは、身近で使いやすいツールから習得することが大切です。

　はじめは自分が持ち合わせている経験や業務知識などを土台にしつつ、新たにデータ分析スキルを学び、自身の能力に付加価値をつけるのが最適でしょう。難しい理論を理解せずとも、**ビジネスの現場で基本的な分析スキルが役立つ場面は十分にあります。**その上で、さらに分析スキルを伸ばしたい人は、統計と数学とプログラミングの学習を進めていきましょう。

図1　スキルの比較

スキル・分野	データサイエンティスト	フツーのビジネスパーソン
統計	統計検定準1級レベル	平均・中央値・標準偏差・相関など
数学	理系大学卒業レベル	高校レベル
プログラミング	Python・R など	分析の仕組みを把握

まとめ	まずは、一般的なビジネスパーソンが使いこなせる分析スキルから身につける。

データ分析できるのは
データサイエンティストだけ？

分析対象によって、必要な技術や知識は異なる

　データ分析は、専門家である「データサイエンティスト」だけが行う仕事でしょうか？「Excelで自分が担当する部門における1ヶ月分の売上を集計」「数千万人が利用するSNSで展開した広告が売上に与えた影響を調査」「建物のひび割れを撮影した画像から早急に修復が必要かどうかを判断する」これらはすべて「データ分析」です。

　様々なデータ分析がある中で、あらゆる目的に応じて、すべてのデータを分析できるデータサイエンティストはいません。なぜなら、**分析対象によって必要な技術や知識、使用するツールなどが異なる**ためです。また、データサイエンティストにもそれぞれに得意分野がありますし、データやツールなどの準備も必要です。データサイエンティストならどんなツールも使いこなして、あらゆるデータを分析できるというのは誤解です。

“フツーの人”が活躍する場面

　フツーのビジネスパーソンであれば、まずは初心者でも習得しやすく、仕事に役立つデータ分析から優先して身につけましょう。本書で目指すデータ分析は「Excelでデータの可視化・集計・分析・整理・収集を効率よく行い、仕事でそれなりの成果を出すこと」とします。一般企業の中で例えると、社内のデータベースから売上データを集めて、前年同月比と比較して、わかり

やすいグラフやレポートにする業務などが該当します。

　数億件のデータを扱ったり、画像や音声の分析は専門家たるデータサイエンティストの役割です。このような複雑なデータ分析において、フツーのビジネスパーソンに求められるのは、**業務知識などを活かして現場の課題解決を支援しながら分析に集中できる環境を作る役割**でしょう。

　また、データ分析を行う前の準備も重要です。「データ分析以外の解決方法があるか」「データ分析を行う場合の手間や費用はどれぐらいか」など、**技術以外の現実的な最適解を見極める能力も重要**です。このようなデータ分析を行う前段階で求められる人材は、分析に強いデータサイエンティストだけでなく、**会社内の事情や業務知識に詳しい人材**です。こうした状況において、フツーのビジネスパーソンが活躍できる場面も多いでしょう。分析力だけでなく、お互いの得意分野を活かす適材適所で分析業務を進めていきましょう。

図1　フツーのビジネスパーソンと専門家のタッグは、相乗効果を生み出す

まとめ　｜　基本的な分析スキルを習得しつつ、分析スキル以外も使いこなす。

ゼロから学ぶ
データ分析スキル

"そこそこ"の分析スキルを習得する

　一般的な業務で活用できるデータ分析スキルとして、統計、数学、プログラミングの適性や専門知識に頼らないデータ分析を身に着けましょう。ここでは46ページでも紹介したデータサイエンティスト協会が提唱する「**データサイエンス力**」「**データエンジニアリング力**」「**ビジネス力**」を元に、"そこそこ"データ分析ができるスキルセットを説明します。

「データサイエンス力」
＝Excelを表計算ソフトとして活用する力
- Excelでデータの集計や加工ができる
- Excelのデータ分析機能が使える（関数・ピボットテーブルなど）
- 分析結果から問題点を発見する
- 問題点から原因を掘り下げる
- 平均・中央値・標準偏差・相関など基本的な統計知識

「データエンジニアリング力」
＝必要なデータを自力で集めて加工できる力
- データの収集・集計・転記
- データの加工や整備
- データの不備を発見して修正できる

- データベースの仕組みや構造の理解

「ビジネス力」
＝データで価値を生み出す力
- 分析結果をグラフやレポートでわかりやすく説明できる
- 業務改善や利益創出につなげるビジネス感覚
- 社内調整などのプロジェクトの推進力
- 新規事業や改善施策における企画立案

　ここで紹介した3つの力を身につけて、自力でデータの取得、分析、説明ができるようになるのが第一歩です。特に、本書の読者であるフツーのビジネスパーソンが強みとすべきは、**土台となるビジネス力**です。ビジネス力には上記に挙げた内容に加えて、特定の業界業種に関わるルールや慣習、企業文化なども含まれます。こうした「空気感」を後から身につけるのは困難です。自分自身の強みとして、有効活用しましょう。加えて、「データサイエンス力」と「データエンジニアリング力」について、分析に関連する業務を理解しながら支援できるレベルを習得します。専門家であるデータサイエンティストと同等のスキルは難しくとも、まずは説明された内容を理解できる程度を目指すとよいでしょう。

図1　重要なのはビジネス力という土台

データサイエンス力	データエンジニアリング力
ビジネス力	

まとめ	ビジネス力を強みにして、データ分析でどのように価値を生み出せるかを考えよう。

思考力を身につける

テーマ 〉 社内でデータ分析を遂行するための「考え方」とは
何か?

‖ 他部門との調整や上司の説得が必要

　ここまでデータ分析に求められる技術や能力を説明してきました。一方で
分析における技術力は重要ですが、仕事としてデータ分析を行うには同時に
他のスキルも求められます。

　なぜなら、普段の業務にデータ分析を取り入れて成果に結びつけるために
は、社内の様々な部門の担当者といっしょに仕事を進めたり、上長や経営者
などを説得したりする場面があるからです。こうした状況では、特に以下の
ような能力が必要になります。

①ツッコミ力:非効率な業務などの課題を発見して、指摘する力。

②根回し力:飲み会や喫煙所などを含む場面を通して、他部門の人に調整
　を依頼する力。

③解決力:社内の面倒な作業を効率化しつつ、責任の所在を明確にして対
　処できる力。

④雑学力:データ分析に限らず、社内で関心を呼ぶ新たな話題や知識を身
　につける力。

⑤収益力:利益につながる施策を、予算や技術や手間の観点から現実的に
　まとめる力。

⑥段取り力:必要な作業を取りまとめて、円滑に進行させる力。

⑦見栄え力:経営者にも現場にもわかりやすく、キレイで見やすいレポー

トでプレゼンする力。

⑧ リサイクル力：他の人が継続的に利用しながら、後からトラブルを起こさないExcelファイルを作る力。

⑨ 数字力：社内の数字を把握しつつ、触れると危険な数字は避けて分析する力。

⑩ パソコン力：各種ITツールを業務として使いこなす。

　ここで挙げたものは、いわば**ビジネスパーソンとしての能力の延長線上**にあるものです。データ分析を進めるにあたって、データ取得に始まる各部門や担当者間との調整は避けられません。個人でデータ分析を行う場面もありますが、より大きな成果を出すにはこうした組織間における連携は不可欠です。こうした思考力を活用して業務をスムーズに進めるべく、まずは自分が得意とする分野や必要な能力から意識して習得しましょう。

図1 データ分析に必要な思考

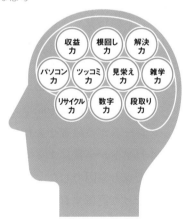

| まとめ | データ分析の活用と推進には、分析力以外にも幅広い能力が必要になる。 |

データだけではわからない

テーマ 〉 データだけでは見えてこない背景や理由を考察する。

クレームの背景にあった要因

　前章で根拠のない勘と経験と度胸ではなく、データと数字と分析による意思決定の重要性を説明しました（→20ページ）。一方で、目に見える事実や表向きの数字だけに捉われてはいけない場面もあります。データ分析においては、**データだけでは見えない背景を考察**しながら、思考を掘り下げることも重要です。

　一例を挙げると、飲食チェーン店において、特定の店舗だけ極端にクレーム件数が多いところがありました。データだけを見れば問題のある店舗ですが、原因を探ると違った要因が浮き出てきます。この店は常連客が多く、料理に対して細かい注文をしたり、店員とのコミュニケーションを求めてきます。しかし、新人のアルバイトが細かな注文を間違えたり、常連客に対して気持ちよい対応ができず、クレームが多数寄せられた経緯がありました。また、長年働いていた学生アルバイトが卒業によって退職し、新たに採用された新人の教育に時間がかかった点も原因でした。

　もしも単純にクレーム件数だけで評価すれば、店舗の評価は下がるでしょう。そのため、店長がクレームを隠蔽するなど、倫理的な問題を引き起こす可能性もあります。数字やデータで判断することは重要ですが、それらを材料に背景にある理由を探ることも重要です。こうした考察ができるのは、現場における仕事の進め方やノウハウといった「業務知識」を持ち合わせた人の強みと言えるでしょう。

効果の検証が重要

　また、施策に対する成果として、**効果検証を行う**ことも重要です。例えば、飲食店において割引クーポンを配布した場合に、**どれだけ成果があったかの測定が重要**です。仮に売上が増えたとして、そのうちのどの程度がクーポンの影響かを見極める必要があります。データ分析において、**「なぜなのか？」「どんな影響があったか？」という背景を考察**することが重要です。

　データ分析によって想定よりも成果が出なかった場合、分析精度の低さを問題視して、精度向上に努めるのも一つの策です。しかし、精度の向上には費用や時間もかかりますし、そもそも別の要因があった可能性も考えられます。また、同じ施策で何度も成果を出せるとは限りません。環境変化などによって、新たな施策が求められる場面もあります。考えられるいろいろな要因を探りつつ、分析精度の向上を含めた改善策を立案しましょう。

図1 業務知識と分析力の両方を駆使して、新たな発見に結びつける

まとめ	分析結果を材料に根本的な理由を考察したり、施策の効果を検証したりすることが重要。

目立つ奴ほどよく騙す

ネット社会の闇

データ分析に必要な技術や知識は、どうすれば学べるでしょう。今ではあらゆる情報がネット上で手に入りますが、**簡単に信用してはいけません**。検索結果として表示される記事は、検索上位になるように工夫されていますが、すべての内容が正しいとは限りません。例えば、IT業界への転職支援を手掛ける企業や、データサイエンティストを育成するスクールであれば、自社にとって都合のよい内容を並べつつ、検索結果の上位に表示される記事を大量に制作するでしょう。こうした記事は魅力的な部分が強調されて、現実の厳しい面は伏せられがちです。

SNSや動画投稿サイトにおいても、信頼性における問題が残ります。気軽に情報発信ができる反面、初心者には内容の信憑性を見定めるのは難しいのが実情です。また、匿名での情報発信という特性ゆえに、経歴や肩書の詐称が容易という側面があり、起業家や高収入や有名企業の社員といった、魅力的な人物像を簡単に作り出せます。こうしたイメージを利用してセミナーやオンラインサロンで人を集めて、高額な商材や個別面談に勧誘するなどの事例があります。

つまりネット上で誰かが発信する「おいしい話」のように、手間を掛けずにすぐ見つかる情報に価値はありません。そして、「データサイエンティストになれば高収入」「未経験からでもすぐ転職できる」など、**過度な期待を抱かせる内容には注意**しましょう。いわゆる「IT未経験から高収入のデータ

サイエンティストに転職した人」も、ゼロではありません。しかしそれは東京大学卒や弁護士のような「元々すごい人」です。そもそも年齢が20〜30代で年収1,000万円以上の人が日本にどれだけ存在するかを把握しておけば、例外中の例外だとわかります。かつてはデータ分析に関する情報が不足していましたが、今は信頼できる情報が十分に揃っているので、怪しい人にかかわるのは時間の無駄です。また、製品やサービスを提供する企業や官公庁などから発表される、公式情報にも注目しましょう。

図1 情報の真偽を見極める目を持とう

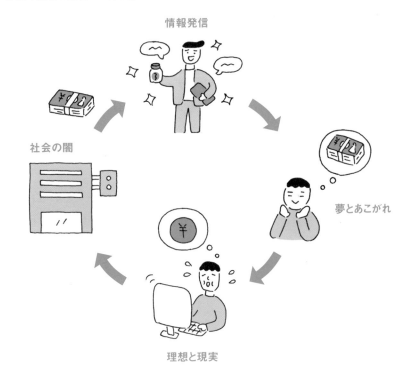

情報発信

社会の闇

夢とあこがれ

理想と現実

まとめ	ネットにおける「おいしい話」には裏があり、ネットだけで情報収集を完結させない。

学習方法 その1
書籍で学ぶ

テーマ 〉 学習したい内容や目的に合った書籍を選ぶポイント。

数千円で信頼のある情報を得られる

誰でも簡単に情報発信できるSNSや動画投稿サイトに比べて、信用度の高い情報源の一つが書籍です。しかし、データ分析をはじめとしたITに関する書籍は大量にあるため、どんな本でもよいわけではありません。そこで自分に合った書籍を選ぶコツを紹介します。

目的を決める

まずは自分自身が「**何をしたいか**」「**何が知りたいか**」という目的を明確にしましょう。「データ分析」のような幅広いテーマではなく、「Excelによるデータの集計と分析をグラフで表現して、毎週行う作業を自動化したい」のように、具体的なゴールを設定できればベストです。

難易度を見定める

また、難易度を見定める点も重要です。最初は見栄を張らずに初心者向けの本を選びましょう。「○○（犬、猫、サルなど）でもわかる○○（技術や製品の名称）」というタイトルの本でも、人類が理解できるとは限りません。自己嫌悪に陥らず、他の本を試すのも重要です。なお、動物の絵が描かれたオシャレな表紙の本は上級者向けなので、今は読まなくても大丈夫です。

著者を見る

　著者の経歴や既刊書をチェックしましょう。有名企業における華々しい経歴や肩書きを持つ方の本が、必ずしも学習に役立つとは限りません。特に世界的なIT企業出身者やシリコンバレーの起業家による本は、読み物としては興味深いものの一般的な日本企業とは前提条件がまったく異なるので、役に立たない場合もあります。読者自身の立ち位置に近い経歴や業務において、学びたい分野で実績を持つ著者がよいでしょう。

　生活圏内に大型書店があれば、内容を見ながら選ぶのが確実です（そして書店で購入しましょう）。難しい場合は、ネット書店で商品説明やサンプルページを確認しましょう。また、学習における定番の良書は、有識者のブログなどに紹介文付きで掲載されています。技術書においては、**どのような技術・製品・ツール・機能をどの程度の難易度まで**説明しているか確認します。「データ分析の本」といっても、分野はExcel、プログラミング、分析ツール、統計解析など多岐に分かれています。自分が学びたい内容や難易度に合わせて、適切なものを選びましょう。合わせて、書籍選びの参考となるチェックリスト（→72ページ）も掲載しています。

　SNSや動画投稿サイトでは数万円（あるいはそれ以上）の学習教材もありますが、作者の経歴や内容の真偽が不明瞭で、無駄に改行の多い文章と無料の（あるいは透かしの入った）イラスト素材で構成されている場合もあるので注意してください。対して、書籍は出版社から依頼を受けた実績のある著者が、これまで得た知見を時間をかけて執筆しながら、編集者がアドバイスや確認を行い、デザイナーによる見やすいレイアウトで、イラストレーターによる絵や図が追加されています。この成果が数千円で手に入るのは、良心的と言えるでしょう。

まとめ	学びたい内容や難易度を明確にして、信頼できる書籍を見つける。

学習方法 その2
動画で学ぶ

テーマ 〉 データ分析の学習では、動画教材も豊富に存在する。

日本・外国による質の高い動画教材

　動画も有効な学習法の一つです。動画の配信・視聴が身近になり、**無償、あるいは安価に学べる動画教材**が提供されています。

　大学や官公庁の専門家が製作に携わった動画もあり、質の高いものが数多くあります。

　また、外国の大学が提供している動画でも日本語字幕付きのものがあり、英語が堪能でなくても閲覧できます。

　各サービスにおける詳細や学習の参考となる動画講座は、巻末をご覧ください（→227ページ）。

・官公庁

　経済産業省や総務省より、学習動画の公開やオンライン講座の受講者募集などが行われています。

・Coursera

　アメリカのスタンフォード大学が運営するオンライン講座です。コースによっては日本語字幕付きの動画もあります。カリキュラムは無償と有償があり、修了証の発行や学士、修士なども取得できます。

・JMOOC（MOOC）

　オンラインで講義を受講できるプラットフォームであり、日本では JMOOCとして日本オープンオンライン教育推進協議会により運営されています。「良質な講義」を「誰も」が「無料」で学べる機会の提供を目指して、データ分析を含む様々な講義が展開されています。

・Udemy

　ITに関する技術やスキル習得を目的として、オンライン講座を提供するプラットフォームです。講義は個人や企業が制作したものも登録されています。日本では提携先のベネッセ社が運営しています。

図1　Cousera

https://ja.coursera.org/

図2　JMOOC（MOOC）

https://www.jmooc.jp/

まとめ	動画教材には無償、あるいは有償でも安価で信頼性の高いものが多数ある。

学習方法 その3
学校で学ぶ

テーマ 〉 データサイエンスを専門で学ぶ教育機関にはどんな
ものがあるか?

本格的に学ぶ人は学校に通うべきか

　書籍や動画による学習は、どうしても独学が前提となります。一方で、昨今ではデータサイエンスを教える学校も増えており、学校に通って習得する方法もあります。執筆時点（2021年10月現在）では、コロナ禍の影響から学校もオンライン講義が中心ですが、いずれは教室での対面講義や留学も可能になるでしょう。

　理論まできちんと理解できるデータサイエンティストを目指す場合は、大学や社会人大学院、海外留学などの選択肢があります。一般的なデータ分析スキルを身につけたい場合は、**所属企業の研修として受講する**のもよいでしょう。個人で受講する場合は、経済産業省の「産業革命スキル習得講座認定制度」による**助成金制度**があります（ただしカリキュラムの難易度は高いものが中心です）。また、失業者は厚生労働省の「教育訓練給付金」でも同様の制度があります。

・**大学と大学院**

　大学におけるデータサイエンス学部の設立が増えており、滋賀大学、武蔵野大学、横浜市立大学、立正大学、中央大学などがあります。また、滋賀大学にはデータサイエンス研究科（大学院）があり、社会人でも入学できます。2022年4月には、日本工業大学のデータサイエンス学科が開設予定です。他にも放送大学や社会人大学などがあるので、そちらも選択肢に入れるとよい

でしょう。

・海外留学

アメリカなどの大学でコンピュータサイエンスを学び、修士号や博士号を取得します。「シリコンバレーの有名IT企業で働く年収数千万円のデータサイエンティスト」を目指す方はこちらです。しかし、滞在費や学費などが非常に高額（数千万円程度）で、もちろん英語力が必須となります。

・企業が運営するスクール

IT企業などが独自に運営するスクールでは、様々なカリキュラムが提供されています。コロナ禍以前は教室による対面形式の講義もありましたが、現在はオンラインが主流です。テレビCMなどで話題のプログラミングスクールも、こちらに該当します。なお、卒業しても確実にデータサイエンティストなれる保証はありませんし、返金や転職の保証については規約を入念に確認しておきましょう。事前に評判を調べることは重要ですが、必ずしもネット上の口コミが正しいとは限らないので、注意してください。

図1　教育機関別の比較表

	大学・大学院	海外留学	スクール
時間	数年〜	数年〜	数ヶ月〜
費用	数百万円〜	数千万円〜	数十万円〜
手間	大変	非常に大変	普通
語学力	不要	必須	不要
主な就職先	一般企業	外国のIT企業	一般企業
カリキュラム	理論中心	理論中心	実践中心
取得資格	学士・修士・博士	学士・修士・博士	修了証

まとめ　独学に比べると費用もかかるため、慎重かつ適切に学校を選ぼう。

データサイエンス関連の 資格と業界団体

テーマ 〉 データ分析に関連する業界団体やスキルアップに つながる資格試験を知る。

代表的な業界団体と資格試験

データ分析に関連する業界団体として、「一般社団法人 データサイエンティスト協会」と「一般社団法人日本ディープラーニング協会」があります。また、2021年4月には両団体と独立行政法人情報処理推進機構 (IPA) より、「デジタルリテラシー協議会」という官民連携による団体が設立されました。

これらの団体は企業や官公庁などが設立に関わっており、ITリテラシーやデータサイエンスにかかわる**スキルセットの制定、情報発信、人材育成**などの活動に取り組んでいます。各団体が資格・検定制度を整備しており、一般的なビジネスパーソン向けとして**3種類の資格**があります。

・ITパスポート試験

主催団体：IPA（独立行政法人 情報処理推進機構）

ITを利活用するすべての社会人やこれから社会人となる学生が備えるべき、ITに関する基礎的な知識が証明できる国家試験です。ITは社会の隅々まで深く浸透しており、どんなビジネスでもITなくして成立しません。ITを正しく理解して、業務に活用できる"IT力"が身につきます。

・G検定（ジェネラリスト検定）

主催団体：日本ディープラーニング協会

AI・ディープラーニングにおける基礎知識で、適切な活用策を決めて、事

業に活用できる能力について検定する資格です。人工知能の定義、人工知能における動向や問題、機械学習の手法、ディープラーニングの概要と手法と社会実装などを問われます。

・データサイエンティスト検定 リテラシーレベル（略称：DS検定）
　主催団体：データサイエンティスト協会
　アシスタント・データサイエンティストとして、数理・データサイエンス・AIにおける見習いレベルに該当する実務能力や知識の保有を証明する試験です。データサイエンティスト初学者、これからデータサイエンティストを目指すビジネスパーソンや学生が対象となります。

　よりレベルの高い資格もありますが、まずは入り口としてこれらを目標にしてみましょう。各団体の資格については、巻末に一覧表を掲載しています（→232ページ）。

お金を払うからには慎重に選ぶ

　資格取得について賛否両論ありますが、**学習の目標**となりますし、**幅広い知識を身につけた証明**にもなります。その一方で企業が独自に一般社団法人を設立して資格を作り、資格取得向けにトレーニング講座を提供する事例があります。様々な資格試験がある中で、どこに貯金や研修費を使うべきか慎重に選びましょう。

まとめ｜時間とお金をかけるのであれば、信用度の高い資格を取得する。

学び続けるコツ

いっしょに勉強する仲間を作ろう

　学習において重要なのは、**継続すること**です。しかし、一人で本や動画を見ながら地道に学ぶのは辛い面もあります。また、周囲に詳しい人がおらず、ちょっとした質問や相談ができない方もいるでしょう。わからない部分で止まったまま解決できず、挫折する人も少なくありません。そこで勉強を続けるコツとして、筆者は**いっしょに学ぶ仲間を作る**ことを勧めています。会社や学校など周囲にデータ分析に関心がある人がいなくとも、インターネットでつながれば仲間を作れます。

　こうした**データサイエンティストが集まるコミュニティ**は、SlackやFacebookや専用のオンラインサロンで運営されています。また、TwitterにはIT業界で働く人が多く、転職を視野に入れるなら、LinkedInに登録しましょう。何らかの形で人とのつながるきっかけを持つことが大切です。しかし、初心者がコミュニティに参加しても、何をすればいいかわからないこともあります。とはいえ、初心者だけが集まっても前に進みません。不安な方はオンラインで1対1で相談できるメンター（指導者・助言者）を探す「MENTA」などのサービスを利用してもよいでしょう。

IT業界では個人や企業による情報発信が盛ん

　コロナ禍以前は都内の会場などで開催されるオフラインの勉強会やセミ

ナーによる交流が中心でした。現在はオンラインによるイベント（ウェビナー）が頻繁に開催されており、地方在住の方でも簡単に参加できるなどのメリットがあります。ITに関するイベントはTECHPLAY、connpass、Peatixなどで募集されており、気になる分野を登録して、開催情報を定期的にチェックしましょう。多くは無料なので、気軽に参加できるのも魅力です。イベントをきっかけに、登壇して発信する側になったり、同じ分野に興味関心を持つ仲間を作るのもよいでしょう。

　また、IT業界では個人や企業による情報発信が盛んで、積極的に情報公開されています。公式サイトの技術情報や、エンジニア個人が発信するブログ記事など、探せばたいていのことはわかります（検索結果の取捨選択は必要ですが）。重要なのは、**自分で情報を探して、見極めること**です。知的好奇心を持って自発的に学べる人が伸びるので、自分から積極的に行動しましょう。なお、コミュニティには悪質な人も存在します。特に初心者やキャリアアップを目指す人が狙われやすいので、安易に「駆け出しエンジニア」などとアピールするのは控えましょう。

図1 ┃ IT関連の勉強会やセミナーの情報が集まるWebサイト

「TECH PLAY」にはIT関連の勉強会やセミナー情報が掲載されており、技術や地域などで検索もできる
https://techplay.jp/

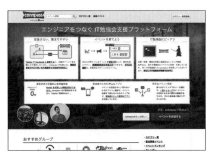
「connpass」はIT関連のイベントや勉強会の開催を支援するプラットフォーム
https://connpass.com/

まとめ ┃ コミュニティを上手に活用して、いっしょに学んだり質問や相談ができる仲間を作ろう。

目指すべきデータ分析者像

できる範囲から習得していく

読者が目指すべき人材像をまとめると、次のようになります。

- Excelでそこそこデータ分析ができる。
- 分析によってビジネスにおける価値を出せる。
- データ分析の推進に必要な思考法を身につける。
- データ分析に求められるスキルや業務を理解している。
- 高度な分析においてデータサイエンティストを支援できる。
- 信用できる情報源を見つけて、自発的に学習できる。

ここまでデータ分析スキルを身につけるために、**「何を」「どうやって」学ぶか**を説明しました。しかし、本を読んだり動画を見るだけでは理解が深まらないので、**自分の手を動かしながら分析する**ことが大事です。そして、自分で手を動かさなければ、他の人に理解してもらい、周囲を説得することもできません。

すべては説明も習得もできない

次章ではExcelによるデータ分析を体験しながら、作業の流れや機能を解説します。何ができるかを理解することで、データ分析による業務改善のス

テップに進めます。なお、Excelにおける基本的な分析作業は解説していますが、詳細な機能や操作手順まで1冊の本ですべて説明することはできません。理由としてはページ数が膨大になる点や、各種機能に特化した別の書籍で詳しく解説されているためです。また、本書を入り口にして、読者自身がより深く学ぶ内容を判断する方が、すべての機能を紹介するよりも現実的です。より深く知りたい方に向けて、巻末では個別の機能や目的に応じて参考書籍を紹介しています（→225〜226ページ）。本書では幅広いスキルを持った勇者型データ分析人材を提唱していますが、あらゆるデータをすべて分析するデータサイエンティストになるのは、非常に困難です。まずは挑戦できる範囲から習得して、徐々にスキルアップを目指しましょう。

図1 徐々にデータ分析の知識やスキルを身につけていこう

まとめ	自分自身の手でデータ分析することが、業務改善における最初の一歩になる。

書籍購入時にチェックするポイント

　書籍は手軽かつ有用な学習教材であり、多くの本が出版されています。目的や難易度に応じて、取捨選択できるのも強みです。著者が執筆にかけた時間や手間や苦労を考えると、数千円という価格は非常に良心的と言えます。しかし、どんな本でもよいわけではありません。自分に合った書籍を選ぶコツを紹介します。

■ 書籍購入における確認事項

- ☐ 大学の専攻や勤務企業などの経歴
- ☐ 業務や研究における実績はなにか
- ☐ 自費出版専門の出版社ではないか
- ☐ 他にどんな本を出しているか
- ☐ 他の著書は単著と共著のどちらか
  共著ではどの部分を担当したか
- ☐ 著者が主催するセミナーやオンラインサロンへ
  過度な誘導がない
- ☐ 大げさな自慢話や自己アピールがない
- ☐ 書籍執筆以外の実績があるか
- ☐ 難易度や内容が自分のスキルに合っているか
- ☐ ネット書店におけるレビュー
  （該当の本や同一著者"だけ"に星5をつけるレビュアーが多い場合は注意）

データ分析を実践する

分析ツールにExcelを用いて、
データ分析の初歩を実践してみます。

PART3の一部で使用しているExcelデータをダウンロードできます。
ダウンロードURL:https://books.mdn.co.jp/down/3221303008/

データ分析に
チャレンジしよう！

テーマ ＞ 家電量販店の店舗責任者という設定で、売上データを分析してみる。

売上データをサンプルに実践してみる

PART3では、データ分析の流れを、実際に手を動かして体験しながら学びます。家電量販店の売上データを参考にして、**データの準備から集計、分析や可視化という一連の流れ**に沿って体験します。データ分析業務の流れは下記のようになります。

- 現状把握：課題や要望に対してデータ分析で解決できる点を探る。
- 課題設定：何を目的としてデータ分析を行うのか考える。
- データの準備：必要なデータを取得して、分析できる状態に加工する。
- データの分析：問題発見と要因の掘り下げを行う。
- データの可視化：分析結果をグラフやレポートにまとめる。
- 意思決定：改善に必要な行動指針をまとめる。
- 施策の立案と実行：決められた施策を実施して、完遂する。
- 評価と改善：施策の成果を評価して、新たな課題と改善策を把握する。

この量販店の置かれた状況としては複数の店舗を展開しているものの、売上分析が各店長に任されており、データ利活用の取り組みにはばらつきがあります。各店舗の売上自体も本部で確認する体制がなく、店長が各自で工夫するものの、全体の状況が把握できていません。そこで**店舗を統括する責任者となって、各店舗の売上を分析する**という背景です。

データ分析ツールには、Excelを使用します。Excel以外にも様々な分析ツールがありますが、個人用途なら必要十分な製品です。本書では次のような理由からExcelを選定しました。利用する中で不満が挙がれば、他のツールを検討すればよいでしょう。

- データ分析に必要な機能が揃っている。
- 数千〜数万件のデータを処理できる。
- 導入において費用や手間がかからない。
- 基本操作を習得している人が多い。
- 社内ルールやセキリティ対策などの問題を回避できる。

Excelには本章で紹介する以外にも、分析に関わる多くの機能があります。しかし、本書では機能の紹介にとどめる部分もあるので、詳細な手順については、個別に書籍などを参照ください。これには「ページ数が膨大となる」「他の書籍と同じ説明が繰り返される」「読者によって目的や利用する機能が異なるので自分で必要な書籍を選ぶ方がよい」という理由があります。Excelによるデータ分析の詳細を解説した参考書籍を巻末（→225〜226ページ）にまとめていますので、合わせて参考にしてください。

現状把握としては、社内の売上データがExcelで問題なく分析できるレベルを想定しています。もしも実際に分析を行う上で懸念があれば、準備を進める前に他の方法も検討しましょう。

図1 データ分析業務の一般的な流れ

現状把握と課題設定 → データの取得と準備 → データの分析と可視化 → 施策の立案と実行 → 評価と改善

PART3で解説

| まとめ | データの分析だけでなく、課題設定から施策の実行と評価まで幅広い業務が求められる。 |

データ分析における
課題設定

テーマ 〉 データ分析を行う上では、事前に目的や課題を設定することが重要になる。

分析する前に目的を決める

データの分析に着手する前に「なぜデータ分析を行うのか？」、「データ分析によって何を実現したいのか？」という方向性を決めます。**分析における目的を定めてから、行うべき施策を考える**ためです。家電量販店における複数店舗の売上を分析するという観点では、次のような課題設定が想定されます。

- なぜ分析するのか？：各店舗ごとの売上状況を把握したい。
- 実現すべきこと：売上状況から、各店舗ごとに課題を見つけて、売上増につながる施策を行う。
- 分析後のゴール：施策後の効果測定から、改善を行う。

課題設定をまとめたら、改めて他の担当者などに相談しましょう。新たな知見が得られたり、既知の問題だとわかる場合もあります。

3通りのアプローチで分析を積み重ねる

課題解決のために行うデータ分析には、3通りのアプローチがあります。

- 探索型データ分析：仮説や解決方法がわからない場合に、データを整理しながら発見を得る。

- 確証的データ分析：既知の問題を認識して解決策を探る。
- 仮説検証型データ分析：ある現象を説明する仮定を調べて証拠を見出す。

　目的や問題がわからない場合は、探索型データ分析から進めていきましょう。まずは**解決すべき課題を見つけて、その上でどんな方法があるかを考えるべき**です。仮に目的を間違えてしまえば、データを集めて正しい分析手法で答えを出しても、成果にはつながりません。分析を進めても成果が出ないこともあるからです。

　また、必要なデータの収集や準備が難しい場面もあります。考察や推論によって得られた実行すべき施策が、現実には難しい方法かもしれません。そもそもの課題設定を間違える可能性もあります。**改めて現状を把握してスタート地点に立ち返り**、他の人に助言を求めるなどして、異なるアプローチを繰り返しながら、分析を積み重ねましょう。

図1 データ分析のサイクル

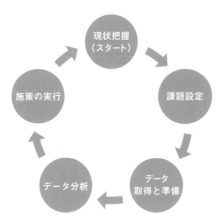

| まとめ | 分析手法は正しくとも、目的や課題が間違っている場合も珍しくない。 |

施策の実行と評価

分析"だけ"でいいのか?

　データ分析によって何らかの答えや傾向が判明すれば、ゴールなのでしょうか。データ分析はあくまで手段であり、**分析によって売上を伸ばしたり無駄な作業を減らすことがゴール**です。そこで分析結果に基づいて、改善策を実行するかが重要です。

　モデルケースである家電量販店であれば、各店舗で売れている商品を把握すれば、顧客が求める商品の需要が見えてきます。仮に「過去3ヶ月で大型テレビの売れ行きが伸びている」という結果が出たとします。背景として「家族で楽しめるゲーム機の新型が発売された」「オリンピックなどのイベントが近づくと一時的に需要が増える」などの要因が考えられます。ここで大型テレビの売れ行きとゲーム機やオリンピックを結びつける発想は、家電量販店の業務を知らないと出てきません。その上で、「大型テレビと新型ゲーム機の同時購入で割引キャンペーンを行えば、更に売上が伸びるのでは?」などのアイデアも出てきます。この例は読者もイメージしやすいですが、生産工程や設備管理のように専門知識が必要な分野では**深い見識や長年の経験がなければ、発案できない**でしょう。

　このように施策の検討において、データ分析力以外が求められる場面も多々あります。データ分析者だけでなく、業務に関わる担当者も交えて、施策を検討していきましょう。

分析"後"のアクションを起こす

　分析結果に基づいて実施する施策を決めたら、必ず実行と評価をセットで行います。失敗に陥りやすい例として、分析はしたものの施策が実行できない点が挙げられます。効果がある施策でも、業務への影響が大きかったり、手間がかかりすぎるなどの都合で実行できなければ意味がありません。事前に実際に施策を行う部門などと連携しながら、**現場に負担がかからない現実的な方法**を準備しましょう。また、施策を実行したものの、効果を測定しなかったり、成功の基準を設けずに評価ができない場合もあります。予め「〇ヶ月後に売上が〇％増」などの目標を決めておき、達成度を測ります。もちろん改善につながるであろうと立てた仮説が、間違っている可能性もあります。その場合は異なる分析手法を用いたり、別のデータを追加するなど、分析サイクルの最初に戻ってやり直します。こうして失敗することはあれど、**実行と評価を行うことで、確実に正解に近づきます。**この流れを何度も繰り返しながら、分析におけるノウハウを蓄積させましょう。

　分析を繰り返すことで、最初は「売上など現状の数字を把握する」という基本的なものから、徐々に「なぜ売上が上がった（下がった）のか」などの関係性を認識することができます。さらに突き詰めると、分析結果に対する根拠を求めながら将来の売上を予測したり、予測に備えて店舗以外の業務でどのような施策を取るべきかなど、より広い目線でデータ分析の目的を考えられるでしょう。ここまでの分析業務に至るには統計などの知識も求められるため、簡単ではありません。しかしながら、将来の目標として見据えておくのもよいでしょう。

まとめ　│　分析後に成果を出すためには、明確なゴールを設定して繰り返し施策の実行と評価を行う。

データの取得

テーマ 〉 各種のデータが分析に適した形で管理されているとは限らない。

社内に点在しているデータ

データ分析を開始するにあたって、分析に必要なデータを準備します。

分析対象となるデータは、社内のデータベースやExcelファイルなどに保管されています。しかしデータの保管場所が、散在している場合も多いです。本章で扱う家電量販店の事例においては、各店舗の売上に関するデータをすべて本部が一括で管理している前提です。しかし現実には店舗ごとにデータを管理したり、テレビや生活家電など部門ごとにデータを管理している場合もあります。また、役職や所属組織によって扱えるデータが異なる場合もあるでしょう。実務で分析を行う場合には、**事前にデータベース担当者に確認**しましょう。

必要なデータを揃える事前準備

データによっては準備に時間がかかる場合もあります。まずは店舗名、期間、商品名、価格など、売上分析に必要な項目を把握しておきます。膨大なデータから特定のデータのみを取り出すには、データベースの管理者による作業が必要だからです。

また、分析前の段階で、必要なデータが足りない場合もあります。例えば気温や天候の変化によって、加湿器の売上がどう変化するかを分析するには、気象に関するデータが必要です。しかし、社内のデータベースに気象の

データはありません。**事前に必要なデータを把握**しておき、足りないデータの入手方法を調べておきましょう。場合によっては新たにデータを計測したり、購入する必要もあります。また、準備したデータがすべて正確であるとは限りません。現実にデータを準備する場面では、アンケートなどの人間が回答するデータにおいては、書き間違いや記載漏れなどの不備があります。さらに紙に手書きで記入された書類は分析データとして使えないため、スキャナやOCR（光学文字認識）で読み込んだりデータベースに入力する手間もかかります。さらに読み取りの失敗や、人間がデータ入力で間違える場合もあります。こうしたデータの不備については、改めてチェック方法を解説します。

データベース管理者の協力も必要

　ここまで必要なデータを揃えたあと、データ分析ツールに合わせた形式で出力します。これはデータベースからそのままデータを出力した場合、Excelの仕様で正しく認識できない場合があるためです。事前にデータベース管理者に相談して、対応するツールに問題がない形式で準備するように依頼しておきます。こうした一連作業の作業は、自分だけでは行えない場合がほとんどです。**明確に要件を伝えて、関係各所と連携しながら**、無理のないスケジュールで作業を進めましょう。データの取得依頼が頻繁に発生する場合は、ルールや依頼内容の雛形を作るなど仕組みづくりも進めながら、データベース管理者と分析者の作業分担を明確にしましょう。PART3ではデータ加工についても説明しており、一方的に負担を増やさない点も重要です。こうした過程を経て、分析対象となるデータが手元に準備できます。

まとめ ｜ データ分析の利活用が遅れている会社では、
データの準備だけでも大変。

データの準備

テーマ 〉 取得したデータを"分析できる"形にするため、事前準備が必要となる。

データを一つにまとめる

ここで分析に必要なデータが揃ったと仮定します（サンプルデータについては73ページ参照）。しかし、データベースの都合で、必要なデータが一つにまとまっておらず、別々に管理されている場合が往々にしてあります。本書の例では、「売上データ」と「店舗データ」が、それぞれ別のワークシートに

図1 分析に必要なデータを集めた状態

	A	B	C	D	E	F	G
1	売上番号	日付	商品カテゴリ	商品名	商品金額	店舗コード	
2	1	2021/7/1	生活家電	掃除機	45,000	1	
3	2	2021/7/1	調理家電	電子レンジ	52,000	2	
4	3	2021/7/1	テレビ	42型テレビ	99,800	4	
5	4	2021/7/1	テレビ	52型テレビ	134,800	3	
6	5	2021/7/3	調理家電	コーヒーメーカー	9,800	2	
7	6	2021/7/3	テレビ	52型テレビ	134,800	1	
8	7	2021/7/3	テレビ	52型テレビ	134,800	5	
9	8	2021/7/4	テレビ	42型テレビ	99,800	2	
10	9	2021/7/4	スマホ	本体	78,000	4	
11	10	2021/7/6	調理家電	ホットプレート	12,500	5	

売上データ 店舗データ ⊕

	A	B	C
1	店舗コード	店舗名	
2	1	水道橋店	
3	2	両国店	
4	3	九段下店	
5	4	新宿店	
6	5	野毛店	
7			
8			
9			
10			
11			

売上データ 店舗データ ⊕

「売上データ」のワークシート（上図）と
「店舗データ」のワークシート（左図）が
別なので、店舗名がわからない

登録されています 図1。

　「売上データ」のワークシートには「売上番号」「日付」「カテゴリ」「商品名」「商品金額」「店舗コード」があります。「店舗データ」のワークシートには、「店舗コード」の数字と「店舗名」が記載されています。このままでは、「売上データ」を見たときに、数字の店舗コードしか記載されず、店舗名がわかりません。

　このように、データベースの都合で、**必要なデータが一つのファイルにまとまっておらず、別々に管理されている**場合もあります。そこで、Excel上で処理する方法も紹介します。

　「売上データ」のワークシート上で「店舗コード」の隣に「店舗名」を追加して、一つにまとめます。店舗コードと店舗名の修正は手動でも可能ですが、手間がかかる上、入力ミスも起こるので、Excelの関数を使って自動的に変換します。

テーブルを作成する

　「店舗コード」と「店舗名」を修正前に下準備を行います。「売上データ」のワークシートと「店舗データ」のワークシートに入力されている内容をそれぞれ「テーブル」に変換します。

　Excelにおけるテーブルは、ワークシート内のセルに入力されているデータに、一定の範囲を指定し、関連するデータの集まりとして扱うものです。例えば、セルのここからここまでの範囲を「店舗名」の集まり（テーブル）に指定することで、**他のデータと関連させて処理しやすくなります**。

　データをテーブルに変換するには、「ホーム」の「テーブルとして書式設定」で行います 図2。この例では、売上データと店舗データをそれぞれテーブルに変換した上で、売上データには「売上明細」、店舗データには「店舗リスト」というテーブル名をつけています。

図2 データをテーブルに変換する

テーブルに変換したい範囲を選択して、右クリックの「テーブルまたは
範囲からデータを取得」をクリックする

POINT

いったんテーブルに変換したデータを通常のデータに戻したい場
合は、「テーブル」ツール→「デザイン」に移動し、「ツール」にある
「範囲の変換」を選びます。

データをテーブルに変換すると、自動的にセルが色がつき、表組みとして
見やすくなります。セルを一つ一つ塗りつぶしたり、文字の太さや色を変え
たりすれば、同じような見た目を再現できますが、分析用のデータ準備にお
いて、「Excel方眼紙」や「神Excel」的な使い方は厳禁です。もしも金額が数
字で入力されても、Excel上で文字列として扱われると、計算されません。事
前にデータ形式を確認しておきましょう。

また、他のデータからExcelに数字をコピーする場合も同様のミスを起こ
すので、右クリックから「形式を指定して貼り付け」の「値」で貼り付けます。

店舗コード(数字)と店舗名を紐付ける

テーブルを設定して準備が整いました。「店舗コード」の右隣に「店舗名」
を作成します。

売上データの「店舗コード」を元にして、店舗データに記載されている
「店舗名」を転記させます。転記によく使われる機能は「VLOOKUP(ブイ・
ルックアップ)関数」です。

$$=VLOOKUP(検索値,範囲,列番号,[検索方法])$$

　VLOOKUP関数は店舗名を入力するセル（ここではG列のセル）を選択して、数式バー（入力欄）の左にある「関数の挿入ボタン」（[fx] ボタン）を押すと表示される数式パレットから入力できます 図3。

図3　VLOOKUP関数の設定

❷「関数の挿入ボタン」をクリック　　❶ 店舗名を入力したいセルを選択　　❸ 目的の関数を選ぶ

　まず、検索値として「店舗コード」の数字が入ったセルを指定します。次に範囲として、「店舗コード」が記載されたセルを指定します。店舗データのワークシートにあるテーブルに変換した店舗コード1〜5と店舗名の範囲指定します（見立し行の「店舗名」「店舗コード」は除外）。続く、列番号は店舗名を表示するため、範囲の2番目として「2」を指定します。検索方法は完全に一致する「0」を指定します 図4。これで店舗コードに該当するそれぞれの店舗名が自動的に入力されます 図5。

POINT

エラーチェックのルールが設定されている場合、セルの左上にエラーインジケーターが表示される場合がありますが、正常に値を取得できます。

図4 VLOOKUP関数の入力

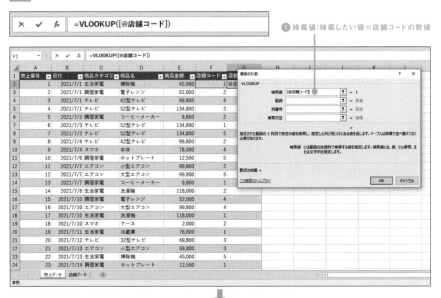

❶ 検索値:検索したい値=店舗コードの数値

❷ 範囲:店舗リストのテーブルの範囲を選ぶ(見出し行は除外)

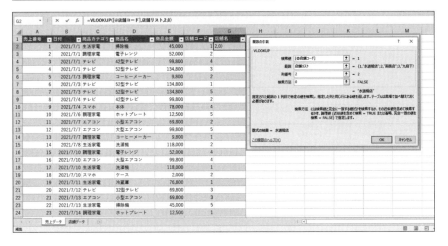

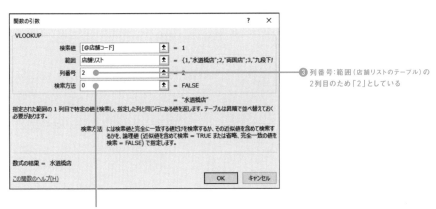

❸ 列番号：範囲（店舗リストのテーブル）の
2列目のため「2」としている

❹ 検索方法：検索値と完全一致する値を
検索したいため「0」としている

図5　「店舗名」が自動的に入力された

	A	B	C	D	E	F	G
1	売上番号	日付	商品カテゴリ	商品名	商品金額	店舗コード	店舗名
2	1	2021/7/1	生活家電	掃除機	45,000	3	水道橋店
3	2	2021/7/1	調理家電	電子レンジ	52,000	2	両国店
4	3	2021/7/1	テレビ	42型テレビ	99,800	4	新宿店
5	4	2021/7/1	テレビ	52型テレビ	134,800	1	九段下店
6	5	2021/7/3	調理家電	コーヒーメーカー	9,800	2	両国店
7	6	2021/7/3	テレビ	52型テレビ	134,800	3	水道橋店
8	7	2021/7/3	テレビ	52型テレビ	134,800	5	野毛店
9	8	2021/7/4	テレビ	42型テレビ	99,800	2	両国店
10	9	2021/7/4	スマホ	本体	78,000	4	新宿店
11	10	2021/7/6	調理家電	ホットプレート	12,500	5	野毛店
12	11	2021/7/7	エアコン	小型エアコン	69,800	2	両国店
13	12	2021/7/7	エアコン	大型エアコン	99,800	5	野毛店
14	13	2021/7/7	調理家電	コーヒーメーカー	9,800	3	水道橋店
15	14	2021/7/8	生活家電	洗濯機	118,000	2	両国店
16	15	2021/7/10	調理家電	電子レンジ	52,000	4	新宿店
17	16	2021/7/10	エアコン	大型エアコン	99,800	4	新宿店
18	17	2021/7/10	生活家電	洗濯機	118,000	3	水道橋店
19	18	2021/7/10	スマホ	ケース	2,000	2	両国店
20	19	2021/7/11	生活家電	冷蔵庫	76,800	3	水道橋店
21	20	2021/7/12	テレビ	32型テレビ	69,800	1	九段下店
22	21	2021/7/13	エアコン	小型エアコン	69,800	1	九段下店
23	22	2021/7/13	生活家電	掃除機	45,000	5	野毛店
24	23	2021/7/14	調理家電	ホットプレート	12,500	3	水道橋店
25	24	2021/7/15	調理家電	電子レンジ	52,000	2	両国店
26	25	2021/7/15	調理家電	コーヒーメーカー	9,800	5	野毛店
27	26	2021/7/15	調理家電	ホットプレート	12,500	3	水道橋店

売上データ　店舗データ　＋

POINT

テーブルに変換していないと、VLOOKUP関数を1行ずつ設定しなければ店舗名を追加できません。

まとめ｜データの準備は手間がかかるが、分析結果やデータ活用に大きく影響する重要な工程。

PRACTICE 06

データの集計

テーマ 〉 売上データを元に、各店舗の商品カテゴリ別に売上金額を集計してみる。

集計にはピボットテーブルを利用する

　次に各商品や店舗ごとにどの商品が売れているかを把握するため、売上を集計します。Excelで集計を行う簡単な機能は「ピボットテーブル」です。マウス操作のみで集計する軸の切り替えも可能で、店舗ごと、日付別など、項目に応じてデータを集計できます。目的は店舗ごとの売上の把握なので、店舗ごとにカテゴリ別で売上を集計します 図1 。

図1 大量のデータから、店舗ごとにカテゴリ別の売上金額を集計

ピボットテーブルの実行前（左図）と実行後（右図）の比較

ピボットテーブルによる集計手順

　ここでは売上データからピボットテーブルを作成します。

　ピボットテーブルにするデータの入力されたセルを選び、「挿入」タブ→

89

「ピボットテーブル」を選びます。表示されるダイアログで、分析するデータの範囲とピボットテーブルを配置する場所を選択すると、配置する場所として選んだシートに、ピボットテーブルが作成されます 図2 。

　本書の例では、ピボットテーブルにしたい範囲が予めテーブル（売上明細）に変換してあるため、このテーブルの範囲が自動的に設定されますが、ワークシート上をドラッグアンドドロップしても範囲を指定できます。

図2　ピボットテーブルの作成

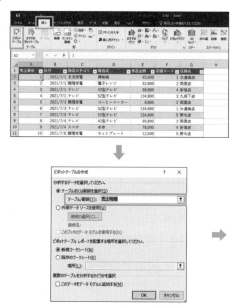

「ピボットテーブルの作成」のダイアログ　　　　　ピボットテーブルが作成される

　ピボットテーブルと同じワークシート上の画面右側に「ピボットテーブルのフィールド」という作業ウィンドウが表示されます。例では、「フィールド名」に集計範囲としているテーブルの見出しが自動的に入力されており、ここに並ぶ項目が集計対象となる項目です。

　「フィールド名」から、下にある「列」「行」「値」に、それぞれ項目をドラッグアンドドロップで指定すると、各店舗ごとに商品カテゴリ別で売上金額が集計されます 図3 。

図3 「ピボットテーブルのフィールド」作業ウィンドウ

列=カテゴリ

行=店舗名　　九段下店のエアコンの売上金額　値=商品金額

POINT

ピボットテーブルの作成後、データの範囲を変えるには、「分析」タブで「データソースの変更」を選び、範囲を再指定します。

まとめ　「ピボットテーブル」では指定した軸で簡単に売上を集計できる。

91

データの集計
―条件判定

テーマ 〉 条件に応じて売上を判定する。

条件判定はIF関数を使う

ピボットテーブルを使って各店舗ごとに売上金額を集計しました。しかし、数字が並ぶだけではわかりにくいので、Excelの機能を使って分析を掘り下げます。

ここでは、各店舗の売上における総計が100万円以上なのかを調べます。条件判定として「IF関数」を利用して、**総計が100万円以上なら判定欄に「OK」、100万円未満なら「NG」と表示**します。

IF関数

IF関数は論理式の結果に応じて、指定された値を返します。論理式で条件を設定し、条件を満たせば（真であれば）真の値を、条件を満たしていなければ（偽であれば）偽の値を、それぞれセルに表示します。

=IF(論理式,[値が真の場合],[値が偽の場合])

判定結果を表示したいセルに、次のようなIF関数を入力して、店舗別の売上総計が100万円を越えたかどうかを判断します。店舗ごとの売上の総計が100万以上の場合は「OK」、そうでなければ「NG」と表示されます 図1。100万円を越えたのは水道橋店だけだとわかります。

```
=IF(G5>=1000000,"OK","NG")
```

図1 IF関数を入力

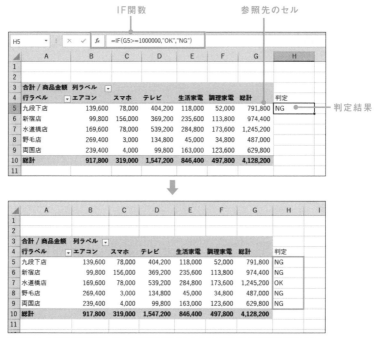

「総計」セルの数値を参照して、100万円を越えたかどうかで「OK」「NG」を表示する

論理式の条件を変えることで、様々な条件判定が可能になります。複数の条件を指定できます。詳しくはExcelの専門書を参照してください。

簡易的に棒グラフ化

数字では判別しづらい場合、グラフにしてみるのも有効です。グラフ化したい数値の入力されたセルを選択して、「ホーム」にある「条件付き書式」から「データバー」を選ぶと、数値を簡易的な棒グラフで表示されます **図2**。

図2 総計の金額を棒グラフで表示

	A	B	C	D	E	F	G	H
1								
2								
3	合計 / 商品金額	列ラベル						
4	行ラベル	エアコン	スマホ	テレビ	生活家電	調理家電	総計	判定
5	九段下店	139,600	78,000	404,200	118,000	52,000	791,800	NG
6	新宿店	99,800	156,000	369,200	235,600	113,800	974,400	NG
7	水道橋店	169,600	78,000	539,200	284,800	173,600	1,245,200	OK
8	野毛店	269,400	3,000	134,800	45,000	34,800	487,000	NG
9	両国店	239,400	4,000	99,800	163,000	123,600	629,800	NG
10	総計	917,800	319,000	1,547,200	846,400	497,800	4,128,200	
11								

> **まとめ** 店舗ごとの売上総計金額を一定の条件で判定して、分析につなげていく。

PRACTICE

08 データの分析

テーマ 〉 店舗別の売上集計から、軸を変えながら掘り下げて
分析する。

集計軸を変えて異なる視点で分析する

ここまでのデータ集計によって、店舗ごとの売上状況がわかりました 図1 。
次は**特定の商品、店舗、時期などの観点から分析**を進めていきましょう。大
量のデータを店舗とカテゴリ別に集計した時点では、大まかな傾向しかつか
めません。**個別の店舗や商品によって状況が異なる**ため、さらに個別の課題
を把握できるまで分析を掘り下げます。

データを集計したピボットテーブルにおける分析機能として、「ダイシン
グ（軸を変える）」「ドリルダウン（深堀り）」「スライシング（絞り込み）」があ
ります。

図1 店舗ごとのカテゴリ別の売上集計

	A	B	C	D	E	F	G	H
1								
2								
3	合計 / 商品金額	列ラベル						
4	行ラベル	エアコン	スマホ	テレビ	生活家電	調理家電	総計	判定
5	九段下店	139,600	78,000	404,200	118,000	52,000	791,800	NG
6	新宿店	99,800	156,000	369,200	235,600	113,800	974,400	NG
7	水道橋店	169,600	78,000	539,200	284,800	173,600	1,245,200	OK
8	野毛店	269,400	3,000	134,800	45,000	34,800	487,000	NG
9	両国店	239,400	4,000	99,800	163,000	123,600	629,800	NG
10	総計	917,800	319,000	1,547,200	846,400	497,800	4,128,200	
11								

大まかな傾向はつかめるが、個別の課題はわからない

ダイシング(軸を変える)

　集計する条件を変更し、異なる軸から分析します。サイコロを意味する「ダイス」を転がすように、**分析する視点を切り替える**イメージです。
　現在のピボットテーブルは店舗別と商品カテゴリ別を軸に売上金額を集計しますが、集計する軸を変えてみます。ここで分析軸を店舗別の売上から日付別の売上に切り替えます　図2 。

図2 　集計軸を店舗から日付に変更する

店舗	商品名	金額
新宿店	42型テレビ	99,800
両国店	小型エアコン	69,800
水道橋店	スマホ本体	78,000
新宿店	掃除機	45,000

日付	商品名	金額
2021/7/1	電子レンジ	52,000
2021/7/1	洗濯機	118,000
2021/7/1	42型テレビ	99,800
2021/7/1	大型エアコン	99,800

　ピボットテーブルの「行」のフィールドリストから「店舗名」を外し、新たに「日付」を「行」のフィールドに加えると、ピボットテーブルが日付ごとの売上集計に変化します　図3 。フィールドリストは、フィルターの外にドラッグすればリストから削除されます。

図3 「行」で集計する軸を店舗別から日付別に変更

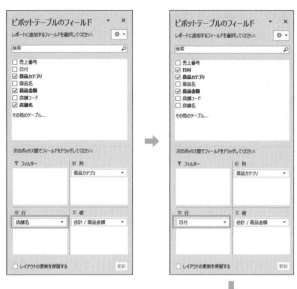

合計 / 商品金額	列ラベル					
行ラベル	エアコン	スマホ	テレビ	生活家電	調理家電	総計
2021/7/1			234,600	45,000	52,000	331,600
2021/7/3			269,600		9,800	279,400
2021/7/4		78,000	99,800			177,800
2021/7/6					12,500	12,500
2021/7/7	169,600				9,800	179,400
2021/7/8				118,000		118,000
2021/7/10	99,800	2,000		118,000	52,000	271,800
2021/7/11				76,800		76,800
2021/7/12			69,800			69,800
2021/7/13	69,800			45,000		114,800
2021/7/14					12,500	12,500
2021/7/15		3,000			74,300	77,300
2021/7/16	99,800				52,000	151,800
2021/7/17					9,800	9,800
2021/7/18			234,600		9,800	244,400
2021/7/19			134,800		22,300	157,100
2021/7/20		2,000		183,600	104,000	289,600
2021/7/23	69,800					69,800
2021/7/24		78,000	234,600	45,000		357,600
2021/7/26		78,000			12,500	90,500
2021/7/27	99,800		69,800	163,000	52,000	384,600
2021/7/28	69,800		99,800			169,600
2021/7/29	69,800			52,000		121,800
2021/7/30	99,800	78,000				177,800
2021/7/31	69,800		99,800		12,500	182,100
総計	917,800	319,000	1,547,200	846,400	497,800	4,128,200

ピボットテーブルの集計が日付ごとの売上状況に変わる

ドリルダウン（掘り下げ）

データの階層を掘り下げて分析します。穴を掘るドリルのように、**下の階層にあるデータを探る**イメージです。

商品カテゴリから階層を掘り上げて、個別の商品名ごとの売上を集計してみます 図4。

図4 商品カテゴリから個別の商品名に掘り下げる

店舗	商品カテゴリ
新宿店	テレビ
両国店	テレビ
水道橋店	テレビ
新宿店	テレビ

店舗	商品カテゴリ	商品名
新宿店	テレビ	32型テレビ
両国店	テレビ	42型テレビ
水道橋店	テレビ	52型テレビ
新宿店	テレビ	42型テレビ

「行」のフィールドリストは「店舗名」にしたまま、「列」のフィールドリストの「商品カテゴリ」の下に「商品名」を追加します 図5。ピボットテーブルには商品カテゴリに加えて個別商品の売上が集計されます。

図5　商品カテゴリに加えて個別商品の売上がわかる

「カテゴリ」の下に個別商品ごとの売上が表示される

行ラベル	⊟エアコン		エアコン 集計	⊟スマホ			スマホ 集計	⊟テレビ			テレ
	小型エアコン	大型エアコン		ケース	バッテリー	本体		32型テレビ	42型テレビ	52型テレビ	
九段下店	139,600		139,600			78,000	78,000	69,800	199,600	134,800	
新宿店		99,800	99,800			156,000	156,000	69,800	299,400		
水道橋店	69,800	99,800	169,600			78,000	78,000			539,200	
野毛店	69,800	199,600	269,400		3,000		3,000			134,800	
両国店	139,600	99,800	239,400	4,000			4,000		99,800		
総計	418,800	499,000	917,800	4,000	3,000	312,000	319,000	139,600	598,800	808,800	

スライシング（絞り込み）

指定された条件に該当するデータのみを表示して分析します。**事象における一面を切り出す**「スライス」のイメージです。特定の条件で絞り込むにはスライシングを使います 図6 。特定店舗の売上を絞り込んで、個別に分析するなどが可能です。

図6 特定店舗の売上だけを絞り込む

店舗	商品名	金額
新宿店	42型テレビ	99,800
両国店	小型エアコン	69,800
水道橋店	スマホ本体	78,000
新宿店	掃除機	45,000

→

店舗	商品名	金額
新宿店	42型テレビ	99,800
新宿店	掃除機	45,000
新宿店	電子レンジ	45,000
新宿店	スマホ本体	78,000

　「列」のフィールドリストは「商品カテゴリ」、「行」のフィールドリスト
は「日付」とした上で、「フィルター」のフィールドリストに「店舗名」を
設定します。

　ピボットテーブルの上に、「店舗名」のフィルターが表示され、リストか
ら特定の店舗でフィルターを指定できます 図7 。リストで特定の店舗を選択
すると、各店舗の売上だけがピボットテーブルに表示されます。「新宿店」
「九段下店」と切り替えて、売上の良い店舗と悪い店舗を絞り込み、個別に分
析することが可能です。

図7 特定の店舗の売上だけ表示する　　　　「店舗名」のフィルターが表示される

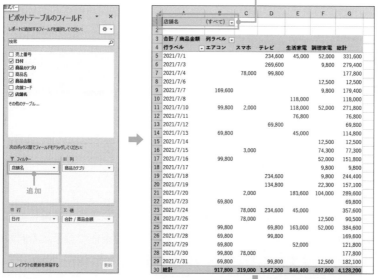

行ラベル	エアコン	スマホ	テレビ	生活家電	調理家電	総計
2021/7/1			234,600	45,000	52,000	331,600
2021/7/3			269,600		9,800	279,400
2021/7/4		78,000	99,800			177,800
2021/7/6					12,500	12,500
2021/7/7	169,600				9,800	179,400
2021/7/8				118,000		118,000
2021/7/10	99,800	2,000		118,000	52,000	271,800
2021/7/11				76,800		76,800
2021/7/12			69,800			69,800
2021/7/13	69,800			45,000		114,800
2021/7/14					12,500	12,500
2021/7/15		3,000			74,300	77,300
2021/7/16	99,800				52,000	151,800
2021/7/17					9,800	9,800
2021/7/18			234,600		9,800	244,400
2021/7/19			134,800		22,300	157,100
2021/7/20		2,000		183,600	104,000	289,600
2021/7/23	69,800					69,800
2021/7/24		78,000	234,600	45,000		357,600
2021/7/26		78,000			12,500	90,500
2021/7/27	99,800		69,800	163,000	52,000	384,600
2021/7/28	69,800		99,800			169,600
2021/7/29	69,800			52,000		121,800
2021/7/30	99,800	78,000				177,800
2021/7/31	69,800		99,800		12,500	182,100
総計	917,800	319,000	1,547,200	846,400	497,800	4,128,200

（次ページへ続く）

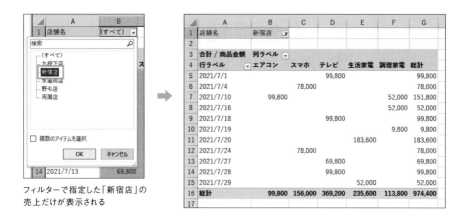

フィルターで指定した「新宿店」の
売上だけが表示される

　このように異なる複数の視点からデータを調べて、繰り返し分析を行います。今回はシンプルなデータによる集計と分析を行っていますが、基本的な流れは同じです。

まとめ	分析する軸を変えて様々な角度から掘り下げ、個別の課題を把握する。

データ分析機能が強化されたExcel

テーマ 〉 データ分析ツールとしてのExcelにおける「What-If分析」を紹介する。

「What-If分析」による3種類の分析機能

　家電量販店の売上データの分析では、集計したデータを掘り下げるという一連の流れを紹介しました。このような基本的な機能以外にも、Excelには様々な分析機能があります。なお、Excelはバージョンアップなどにより、分析機能や処理できるデータ量などが強化されています。古いバージョンに搭載されていなくても無料で機能を追加できる場合もあるので、ぜひ活用しましょう。

　その中でも「What-If分析」は分析業務で使われており、シナリオ、ゴールシーク、データテーブルの3種類の機能があります。

- シナリオ：特定箇所の数値を変更して、各数値によって、他の項目がどのように変化するかシナリオを試行できます。売上金額などのシミュレーションなどに利用できます。
- ゴールシーク：目的とする値に合致する数値を自動で逆算します。目標金額達成のために必要な販売数を算出する場面などで使われます。
- データテーブル：複数の値を使った場合に、それぞれのパターンにおいて自動計算を行います。販売数量や価格を複数設定した場合に、すべての組み合わせによる金額などを算出します。

シナリオの手順

　シナリオ機能では、複数の異なる値を変化させながら、結果をシミュレーションできます。例として、費用における利益の変動をシミュレーションします。販売価格と製造原価は一定ですが、加工費と広告費は変動するという設定で、様々な状況で利益がどのように変化するかを分析します 図1。

　「データ」タブから「What-If分析」→「シナリオの登録と管理」を選択してシミュレーションしてみます 図2。

図1　加工費と広告費の変動による利益をシミュレーション

販売価格	1000
製造原価	500
加工費	
広告費	
利益	500

「利益＝販売価格－製造原価－加工費－広告費」の計算式を設定している

図2　「What-If分析」→「シナリオの登録と管理」を選択

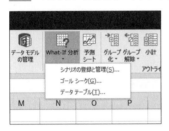

　図3 の手順で設定を行うと、「加工費」と「広告費」の右隣のセルに数値が入力されてそのシミュレーションの結果に基づいた利益が算出されます。

図3　シナリオの設定手順

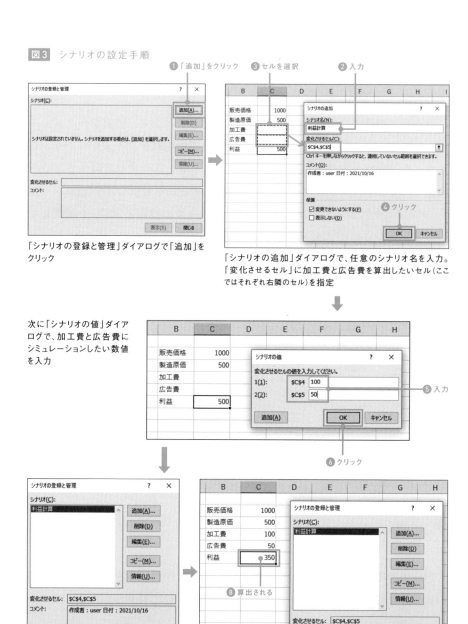

「シナリオの登録と管理」ダイアログで「追加」を
クリック

「シナリオの追加」ダイアログで、任意のシナリオ名を入力。
「変化させるセル」に加工費と広告費を算出したいセル（ここ
ではそれぞれ右隣のセル）を指定

次に「シナリオの値」ダイア
ログで、加工費と広告費に
シミュレーションしたい数値
を入力

「シナリオの登録と管理」に戻るので「表示」をクリックすると、利益が算出される

そのまま「シナリオの登録と管理」ダイアログで「編集」をクリックして、加工費と広告費の数値を変えてみます。

図3 と同じ手順で「シナリオの値」ダイアログから加工費と広告費の数値を変え、再び「シナリオの登録と管理」で「表示」をクリックすると、「加工費」と「広告費」に変更後の値が入力され、利益も変わります 図4。

図4　加工費と広告費の数値を変えてシミュレーション

販売価格	1000
製造原価	500
加工費	100
広告費	50
利益	350

→

販売価格	1000
製造原価	500
加工費	120
広告費	60
利益	320

ゴールシークの手順

ゴールシーク機能は、目標となる値を計算する数式から値を逆算する機能です。例として、特定条件下において、目標利益の達成に必要な販売数を逆算してみます。図5 のように、販売価格、製造原価、加工費、広告費の数値を設定し、ゴールシークを使って利益目標から販売台数を逆算します。

「データ」タブから「What-If分析」→「ゴールシーク」を選択します 図6。

図5　利益目標から販売台数を逆算してみる

C2	▼	× ✓ fx	=(C3-C4-C5-C6)*C7

▲	A	B	C	D
1				
2		利益目標	0	
3		販売価格	1000	
4		製造原価	500	
5		加工費	100	
6		広告費	100	
7		販売数		
8				

「利益目標＝（販売価格−製造原価−加工費−広告費）×販売数」の計算式を設定している

図6　「What-If分析」→「ゴールシーク」を選択

図7 のような手順で設定すると、予め入力してある販売価格などの状況下における利益目標から、販売台数が逆算されます。

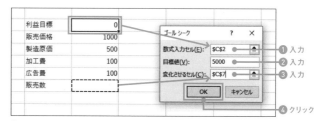

「ゴールシーク」ダイアログで、「数式入力セル」に利益目標を算出するセル、「目標値」には目標とする利益金額、「変化させるセル」に販売数を算出するセルを入力

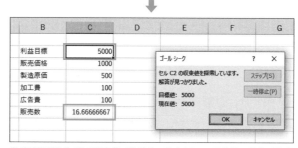

利益目標を達成できる販売数が自動的に算出される。販売数の数値が端数のため、「セルの書式設定」で小数点以下の桁数を2桁などに設定する

データテーブルの手順

　データテーブル機能は予測される結果を調べることができます。前述のシナリオ機能は複数のセルを指定できるのに対して、データテーブルは2つまでしか設定できません。しかし一つの表で、複数の予測結果をまとめて表示できるのが特徴です。例として、為替レートの変動における日本円での支払金額の変化を算出します 図8 。

図8 為替レートの変動に応じた日本円での支払金額を算出する

E3	▼	:	×	✓	fx	=C4*C5	

	A	B	C	D	E
1					
2		為替（と手数料）による支払い金額の変動			支払金額（日本円）
3					3,300
4		為替	110	105	
5		支払金額（ドル）	30	110	
6				115	
7					

→「支払金額＝為替×支払金額」の計算式を設定しておく

数式のセルは、図のように算出される値が列方向（横）に並ぶ場合は右上に配置する。行方向（縦）に並ぶ場合は左下に配置

　図9のように、先に予測する為替レートと支払金額のセルを選択してから、「データ」タブの「What-If分析」→「データテーブル」を選択し、「データテーブル」のダイアログで設定すると、為替レートが変動に応じた日本円での支払金額が算出されます。

図9 データテーブルの設定手順

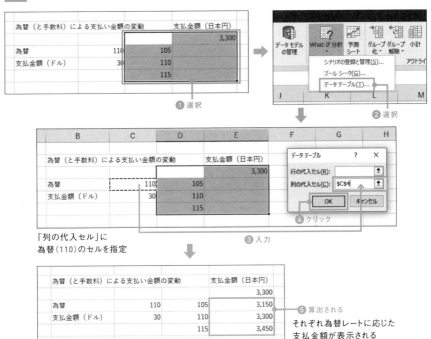

❶選択

❷選択

「列の代入セル」に
為替（110）のセルを指定

❸入力

❹クリック

❺算出される
それぞれ為替レートに応じた
支払金額が表示される

107

複数の値を利用したデータテーブル

次に2つの値をシミュレーションする場合の操作を説明します。日本円の支払金額に、ドルによる手数料が加わりました。手数料が10ドル／20ドル／30ドルだった場合の総額を試算してみます 図10 。

図10 手数料ごとの支払い総額を算出する

為替（と手数料）による支払い金額の変動		支払金額（日本円）			
	3,465		10	20	30
為替	105	105			
支払金額（ドル）	30	110			
手数料（ドル）	3	115			

「支払金額＝為替×支払金額（ドル）＋為替×手数料（ドル）」の計算式を設定している

予測する為替レートと支払金額と手数料のセルを選択してから、「データ」タブの「What-If分析」のデータテーブルを選択します 図11 。

図11 手数料を加えて算出する

「列の代入セル」に指定

「行の代入セル」に指定

「行の代入セル」に手数料（3）のセル、「列の代入セル」に為替（105）のセルを指定

為替（と手数料）による支払い金額の変動		支払金額（日本円）			
	3,465		10	20	30
為替	105	105	4,200	5,250	6,300
支払金額（ドル）	30	110	4,400	5,500	6,600
手数料（ドル）	3	115	4,600	5,750	6,900

それぞれ為替レートと手数料に応じた支払金額が表示される

> まとめ 「What-If分析」における3種類の特徴を把握して、目的に応じて活用する。

PRACTICE 10 はじめての「統計」

データ分析と統計

ここからは「統計」について学んでいきます。

データ分析において、なぜ統計を学ぶ必要があるでしょう。分析結果において「なぜ、そうなるか？」という根拠が重要です。「○○だから××である」という理由付けがなければ、相手を説得できません。そこで結果に対する根拠として、相手を説得する材料となるのが統計です。ビジネスで使われる基礎的な統計を説明しながら、利用される場面を見ていきます。

「平均」とその注意点

一般的に利用される統計として、「平均」があります。平均は「合計÷個数」で求めます。データ全体の中間を示すイメージがありますが、必ずしも平均が中心にあるとは限りません。テストの平均点を求めた下の例では、A・Bグループのどちらも平均点は50点になります。

							平均
Aグループ	100	100	100	0	0	0	50
Bグループ	50	50	50	50	50	50	50

どちらも平均点は同じですが、意味合いは大きく異なります。平均は便利でわかりやすいものの、こうした違いを見落とす可能性もあります。平均を算出する前に、データに極端なばらつきがないことを確認しておきましょう。

　別の例を挙げると、下のデータでも平均にまつわる問題が起こります。

店舗名	A店	B店	C店	D店	E店	F店	平均
発注数	15	17	20	26	17	166	43.5

　これはコンビニにおける弁当の発注数です。各店舗における商品発注数を平均すると「43.5」ですが、F店が「166」になっています。他店舗の発注数と比較すると極端に多いため、「16」の入力間違いで「166」になったと推測できます。しかし、人間の入力間違いであっても、コンピューターはそのまま認識してしまいます。

　このようなデータは「外れ値」や「異常値」などと呼ばれて、分析結果に影響を及ぼすため注意が必要です。

「外れ値」を見つける

　データ全体に紛れた外れ値を見つけるには、グラフの散布図が有効です。少ないデータ数や極端な値であればすぐに気づきますが、大量のデータに埋もれたわずかな入力ミスに気づくのは困難です。図のように全体から外れたデータが視覚的に表現されるため、どのデータが外れ値なのかが簡単にわかります。

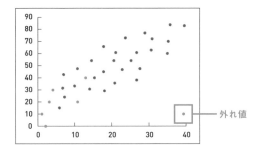

　しかし、**単純に外れ値を除外すべきとは限りません**。人為的な入力間違いなのか、異常が検出されたのか、突発的な事態が起こったのか、要因を探る必要があります。前述のコンビニの弁当発注数では、他店よりも極端に多く発注する店舗がありました。原因を担当者に確認したところ、入力違いではなく、近隣でイベントが開催されるためでした。このように外れ値をそのまま除外せず、**背景を探る**ことも重要です。

　他に外れ値を見つける方法としてはヒストグラムも有効です。ヒストグラムはデータにおける数値の分布を視覚化したグラフです。棒グラフのような形で分布やばらつきがわかるので、状況に応じて使い分けましょう。

散布図とヒストグラムは、Excelのグラフ機能を使います。メニューの「挿入」→「グラフ」グループから選択します。ヒストグラムがメニューに表示されていない場合は、右下にある下向き矢印をクリックして、「グラフの挿入」ダイアログで「すべてのグラフ」から「ヒストグラム」を選択します。

ヒストグラムの表示

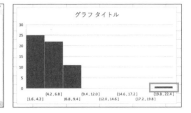

真ん中がわかる「中央値」

　平均以外の方法で真ん中の値を求めるには、どうすればいいでしょう。ここで「中央値」を使います。平均では一部の極端なデータが全体に影響する可能性がありますが、**中央値は極端に高い（または低い）データに影響されにくい**のが特徴です。下図のように同じデータでも平均と中央値は、異なることがわかります。また、下図のように中央値と平均値が極端に乖離しなければ、外れ値が含まれないと考えられます。

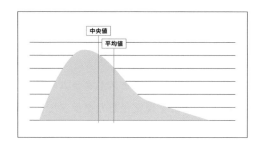

バラつきがわかる「標準偏差」

　分析による意思決定においては、**事前に最高・最低の展開を考慮する必要**があります。複数のデータにおいて、最高・最低でどれぐらいの幅があるのかという、バラつきを示すのが「標準偏差」です。例えば、中学生の身長であれば、一定範囲に収まるので標準偏差（バラつき）は小さくなります。対してスポーツ選手の年収など幅のあるデータであれば、標準偏差（バラつき）は大きくなります。

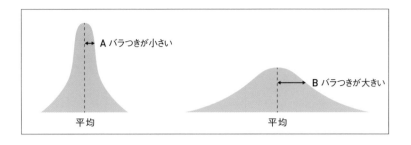

分析における注意点は、**標準偏差が大きいと予測の振れ幅も大きくなる点**です。売上予測なら安定して売れる商品に対して、季節や流行などの要因で売上が極端に変動する商品は標準偏差が大きくなります。極端に売れる（あるいは売れない）場合に備えて、リスク管理などを入念に行いましょう。

> **POINT**
>
> Excelで標準偏差はSTDEV関数で求めます。
> 記述例:=STDEV(数値1,数値2,数値3......)

データの関連性がわかる「相関」

なんらかの現象において、どのデータが影響するか調べる場面があります。2つのデータの関連性を調べるには「相関分析」が有効です。例として気温の上昇とアイスの売上においては、関連性の強さがわかります。このような関係性の強弱を「相関係数」という指標で測ります。

正の相関は一方の値が上がると、もう一方の値も上がります。負の相関は一方の値が上がると、もう一方の値が下がります。対して両者の値に関連性がなければ、無相関となります。

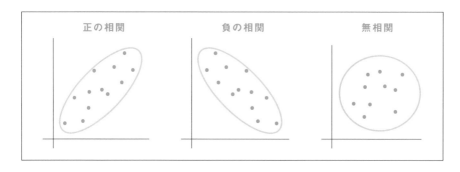

相関係数	
0.7〜1	強い正の相関
0.5〜0.7	正の相関
−0.5〜0.5	相関なし
−0.7〜−0.5	負の相関
−1〜−0.7	強い負の相関

※相関係数は参考値です。

POINT

Excelで相関係数はCORREL関数で求めます。
記述例:=CORREL(数値1,数値2,数値3……)

　こうした相関関係を調べると、これまでの認識や経験とは異なる結果が出る場合もあります。どんなデータが影響を及ぼすか、慎重に調べましょう。

　注意点として、無関係なデータでありながら、似た動きのグラフを並べて関連性を印象づける「擬似相関」があります。グラフの動きだけでなく、両者における関連性を把握することが重要です。有名な疑似相関としては、俳優のニコラス・ケイジ氏の映画出演本数と、プールによる溺死溺死者の増減がほぼ一致するという事例が挙げられます。気になる方はインターネットなどで調べてみてください。

2つのデータの関係性を調べる「回帰分析」

相関関係における影響を調べるには「回帰分析」を行います。回帰分析は、2つのデータにおける関係性を回帰直線（両者のデータの傾向を表現する線）で示す手法です。下の図は、アイスの売上と最高気温の関係性を回帰分析したものです。最高気温が高いとアイスの売上も伸びることが視覚的によくわかります。

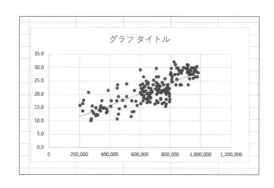

Excelで回帰分析を行う方法を紹介します。回帰分析を行うには、回帰分析したいデータの値が入ったセルを選び、「挿入」タブ→「グラフ」→「散布図」を実行します。

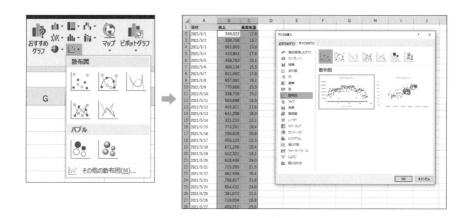

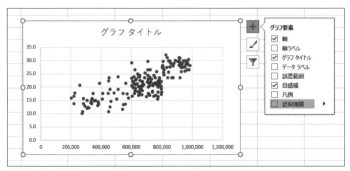

グラフの「＋」ボタンから近似曲線を追加し、近似曲線を見やすくするため、「近似曲線の書式設定」から線の種類、色や太さを変更する

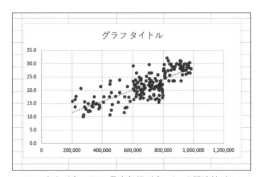

アイスの売上が多い日は、最高気温が高いという関連性がわかる

「データ分析」を使って相関やヒストグラムを求める

　画面上部の「データタブ」から「データ分析」を選択します。相関やヒストグラムなど様々な統計解析を行う機能があります。関数ではなくこちらの機能を使って相関やヒストグラムを求める方法もあります。

　メニューに「データ分析」が表示されてない場合は、次の手順で追加します。

① 画面上にある「ファイル」メニューをクリック
② 表示される画面の左下にある「オプション」をクリック
③「アドイン」で「Excelアドイン」選び、「設定」をクリック
④「分析ツール」にチェックを入れる

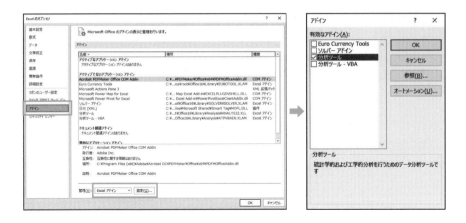

まとめ | 統計を用いると、分析結果の根拠や理由を示せるため、説得力が増す。

分析手法と最適化と効果測定

分析手法の紹介

ここまでExcelによる分析手法を説明しました。本書で紹介した以外にも、様々な分析手法があります。ここでは簡単な紹介程度ですが、目的に応じて使い分けます。分析手法はExcelに限らず、他の分析ツールでも応用できるので、覚えておきましょう。

- 重回帰分析：前節で紹介した回帰分析は二つのデータにおける関係性を示す手法です。しかし、影響するデータが一つだけとは限りません。重回帰分析は複数のデータによる関係性を分析する手法です。例として前節で気温とアイスクリームの売上を分析しましたが、本来なら来店客数や広告の有無や曜日なども考慮すべきでしょう。これらの値を加えて、どれがどの程度売上に影響を与えるかを分析できます。
- 仮説検定：分析対象のデータにおいて、「○○は××か？」という仮説が成立するかを判断する手法です。正しいとする仮説（○○は××である）と間違いとする仮説（○○は××ではない）を立てます。その上で判断基準を設定して、どちらの仮説が当てはまるかを分析します。
- 主成分分析：大量の分析対象に対して、関連付けができる値を一つにまとめる手法です。例として自動車の購入者アンケートにおいて、「デザイン」と「内装」にこだわる人や、「価格」と「燃費」で決める人は近しい属性なのでまとめられます。一方で全体の傾向を把握しやすくなり

ますが、細かい関係性が見えにくくなる点に注意しましょう。

- 因子分析：大量の分析対象から、結果につながる隠れた要因を探る手法です。同じ例として自動車の購入者アンケートをもとに考えると、「デザインや内装にこだわる人は服装にもお金をかけるのか？」「価格や燃費で決める人は住宅や教育ローンの負担が大きいのでは？」のように、背景を推察する手法です。

- クラスタリング：分析対象となるデータに対して、関連付けされたグループごとに分類する手法です。データをまとめたり細かく確認せずとも、大まかな傾向を掴めます。分類基準に決められた正解はなく、自動車のアンケートであれば、「購入者を年齢でまとめる」「特定の価格帯の購入者をまとめる」という形になります。

- クラス分類：クラスタリングとは異なり、事前に決められた答えに沿って分類する手法です。自動車のアンケートであれば、購入した車種ごとに「コンパクトカー」「軽自動車」「ミニバン」など決められた値で分類します。

- ロジスティック回帰：対象データが属するクラスを分類して、特定の出来事が発生する確率を予測する手法です。自動車のアンケートであれば、「購入から10年以内に全員が買い換える」という結果がある前提で、「購入から5年後に何割の人が買い換えるか？」を導き出します。

　以上の説明はあくまで概要であり、本来行うべき分析手順はより複雑です。また、画像や音声や長い文章などExcelで分析できないデータにも多くの分析手法が存在します。詳細は巻末の参考書籍などをご参照ください（→225〜226ページ）。

最適化と効果測定

　分析結果に基づいて、業務に反映させるには「**最適化**」が重要となります。最適化は対象となるデータを変化させながら、目的を最大化（最小化）させることです。例として広告費を増やせば売上も上がりますが、予算は限

られています。このような場合に、分析によって広告費と売上アップで一番コストパフォーマンスがよい金額を探します。もちろん広告においては費用以外にも掲載する媒体やアピールする顧客層などの要素があるので、事前にどのデータを分析対象として、どんなゴールを目指すか決めておきましょう。

　データ分析は、分析結果をまとめれば終わりではありません。**仮説に対する検証や分析結果の精度を測定**しましょう。こうした分析結果の評価や検証は「**効果測定**」などと呼ばれます。効果測定では過去のデータを元に検証して実用に耐えうる精度かを調べたり、将来予想されるデータに対応させるなどの目的があります。検証により一定の精度が確保できれば、実際に業務に導入して想定される成果を出せるかを測定します。ここで目標となる成果を出せなかった場合は、改めて分析と検証からやり直します。さらに一時的に成果を上げた分析結果であっても、時間経過による環境変化などで精度が低下する場合もあります。このような劣化を見逃さないように、常にモニタリングする体制も準備しておきましょう。PART1で紹介した「A/Bテスト」においても、同様の手順を踏んで改善するサイクルを繰り返しています（→28ページ）。

　本書では最適化と効果測定における概要を説明しましたが、データ分析と同様に様々な手法が用いられます。成果を出すためのデータ分析として、導入後の効果測定においても意識してください。

| まとめ | 目的に応じて分析手法を使い分けながら、分析後の最適化と効果測定も意識する。 |

PRACTICE 12

データは分析だけで
終わらない

分析と施策の実行は一心同体

ここまで、基本的な分析の流れを紹介しました。今回の目的は家電量販店で複数店舗を統括する立場となり、売上を分析することでした。ここまでは「どの店舗でどの商品がいつ売れているか?」を把握した段階です。店舗ごとの売れ筋商品の傾向が分かれば、発注や在庫管理における改善策などが考えられます。まずは現時点の分析結果を元に、**各店舗ごとの状況に合わせた施策の立案と実行**を進めながら**評価と改善を繰り返す**のも一つの方法です。分析ばかりに時間をかけても、実行しなければ成果は得られません。まずは施策の実行と評価に取り組んでもよいでしょう。

より深く分析することも必要

しかし、今回は基本的な分析結果なので「実行する施策に効果があるか」「どれだけの成果が見込めるのか」などの根拠が乏しいです。

今回のモデルケースであれば、「テレビとゲーム機のセット購入による割引」という施策に対して「割引額をいくらにすべきか?」などの具体的な数字が必要です。こうしたシミュレーションは、Excelの分析機能で検証できます。さらに分析結果の根拠や、企画した施策の有用性を示すには、統計などによる根拠が求められます。

もしも追加でデータ分析を行うなら、年齢や家族構成とゲーム機の売上は

どれぐらい連動するかを調べるために、新たなデータが必要になります。テレビとゲーム機とは別で、気温とクーラーの売上の関係性を調べたいなら、気温のデータを手に入れる必要があります。また、外部から取得したデータはそのままでは分析に使えないので、加工しなければなりません。このようにある一面からの分析だけでなく、異なる側面からの追加分析が行われます。より詳細なデータ分析について、本書だけでは紹介しきれないので、巻末の参考書籍からも学んでください（→225〜226ページ）。

分析結果を伝えるには

データ分析を行った本人であれば、分析の流れや結果に対する経緯などを把握できます。しかし上司や経営者などの意思決定者に、そのままExcelの分析結果を見せても伝わりません。分析結果を第三者にわかりやすく伝えるため、グラフやレポートなどを用いてわかりやすくプレゼンしましょう。自分だけが担当する業務に対する分析であれば、わかりやすく伝える作業は不要です。しかし会社としてデータ分析を用いて成果を出すには、第三者への説明は避けられません。そのためにグラフやレポートを用いて、わかりやすく伝える技術を身につけましょう。

次節より、これらについて掘り下げていきます。

まとめ	分析後は、施策の実行と評価、さらなる追加分析、第三者への伝達なども重要。

PRACTICE 13
グラフによる可視化

テーマ ＞ 分析結果をそのまま見せても、理解されない。

分析結果をわかりやすく伝える

データ分析を進める上で、分析結果を上司や取引先など第三者に説明する場面があります。ここで数値やデータをそのまま見せても伝わりませんし、**「文字だけ」「データだけ」「表だけ」では、伝わる以前に読まれません。**そこでグラフを使った可視化を行い、理解しやすくします。Excelでは様々なグラフを作成できますが、ビジネスの場では4種類のグラフによる使い分けで十分です。

棒グラフ

数値を棒の高さで表現するグラフです。**シンプルでわかりやすく**、定番の形式と言えるでしょう。ただし、複数の棒グラフを並べたり、積み上げ棒グラフを使う場合は、色や並び順に注意して見やすくしましょう。

帯グラフ（横棒グラフ）

棒グラフを横にしたグラフです。横書きの資料などを読む場合は目線が「Z」の流れで移動します。そのため各項目ごとの値を把握しやすく、自然と読みやすくなる見せ方です。また、積み上げ横棒グラフは、シェアなどデータの割合を示す場面でも使われます。

折れ線グラフ

時間軸の推移など、連続したデータを表現する場合に利用します。増加で上昇、減少で下降なので、**データの増減を表現する**のに適しています。複数のデータがある場合は、色分けしたり、線の種類を使い分けましょう。

散布図

横軸と縦軸による関係性を強調する場面に適しています。例として気温の変化によって、特定商品の売上がどう変化するかなど、傾向を見定めるデータを説明する場合に利用されます。

図1　4種類のグラフ

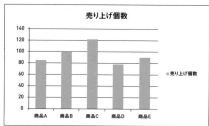

棒グラフ

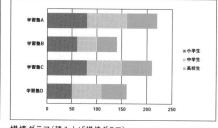

横棒グラフ（積み上げ横棒グラフ）

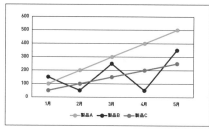

折れ線グラフ

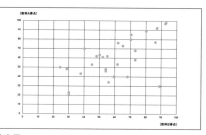

散布図

円グラフはシェアや割合を示すグラフとして使われますが、面積を把握しにくいため、使用は控えた方がよいでしょう。なお、3Dグラフは純粋に見にくいため、使用しないことをおすすめします。

PART3 | PRACTICE 13

怪しいグラフに騙されない

　グラフは数字やデータを見やすくする重要なツールですが、一方で事実を無視したグラフによって意図的に誤認させる問題もあります。

　例としてグラフの大きさや高さを不統一にしたり、立体的な表示や矢印による視線誘導によって、実際の数字よりも大きな伸び率を意図的に誤認させる手口があります 図2 。また、通常のグラフは0を起点としますが、起点を変える（グラフでは80）と、比較において不正確な印象を与えます 図3 。

図2　伸び率を意図的に誤認させるグラフ例

図3　グラフの基点を変えて印象を変える例

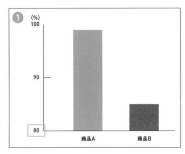

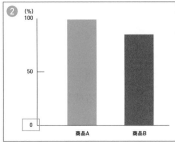

図❶は意図的に基点を0にせず、商品Aと商品Bの差を実際以上に大きく見せている。実際の差は図❷程度

> まとめ　数値やデータをグラフで可視化する場合は、事実を反映した正確な見せ方にする。

相手に伝わるレポート作成

テーマ 〉 分析結果を伝えるため、可視化とわかりやすさを両立させたレポートを提出する。

レポートに必要な項目

　分析結果を伝えるには、グラフによる可視化だけでなく、レポート作成も重要となります。分析レポートには、下記の項目が挙げられます。

- なにを知るために分析したのか
- なぜ分析を行う必要があったか
- 分析対象のデータ
- 用いた分析手法
- 分析結果と考察
- 将来予想される影響
- 業務を行う現場への対応
- 実行すべき施策
- 施策に必要な費用や手間
- 施策の実行で期待できる成果　など

　レポートに必要とされる項目をひと通り紹介しましたが、すべてを盛り込む必要はありません。経営者向けには利益や数字を強調したり、技術者向けには分析手法を掘り下げるなど、伝える対象によって取捨選択しましょう。重要なことは、実行すべき施策を明確にすることです。立場を問わず、伝える相手にどのようなアクションを起こしてほしいか伝えましょう。

　注意点として、日・週・月ごとに定期的に提出する場合は、作業負担を考慮して同じ作業を繰り返さないように自動化・省力化しましょう。レポート作成が負担になると、いずれ誰も作らなくなります。

レポートの改善サイクル

　分析において施策の実行や見直しを繰り返すように、レポート作成でも同様に第三者からのフィードバックを受けながら改善を繰り返しましょう。必要なデータや項目も状況によって変化するので、定期的に見直す必要があります。

　伝わりやすいレポート作成においては、適切な色やフォントの選択、レイアウトの配慮など、様々な工夫があります。資料作成やプレゼンテーションは多数の書籍があるので、そちらも参考にしてください。

図1　対象者に合わせたレポートを提供する

	経営者	上司	現場	技術者
求めるもの	利益	手柄	改善	解説
文字の大きさ	大	大	大〜中	中
文章	短い	短い〜普通	短い〜普通	長くても可
グラフ	多い	多い〜普通	普通	内容による

> **まとめ**　対象に応じて、必要な情報を過不足なくわかりやすく伝えるレポートを作成する。

Excelとデータベースの違い

データは取り扱い注意

　分析対象のデータが社内データベースで管理されている点は既に説明しました。データベースから分析対象となるデータのみを抽出するので、Excelで変更を加えても、影響はあくまで自分のパソコンだけです。あるいはデータベースのデータをExcelで参照する場合もありますが、元のデータベースに保管されたデータを「見る」だけで「変更」はできません。誰でも自由にデータベースを変更されては問題が起きるため、対策されています。分析対象となるデータはあくまで会社が管理するデータの一部であり、**裏側には膨大なデータが存在**します。ではExcelで加工や分析を行ったデータは、どのように共有すればよいでしょう。単独のExcelを複数名で共有することもできますが、複数の担当者やグループによる運用では不便な面もあります。こうして元になるデータベースから離れて、異なるデータが乱立する現象が発生するのです。

「個人のExcel」と「組織のデータベース」

　個人で自由にデータ分析を行える環境において、データはどう扱うべきでしょう。社内全体で管理するデータベースのように、厳密なルールに基づいて運用するのが理想です。データベースでは「データ型」として、文字、数字、日付などの形式が指定されています。「文字型」であれば、「ABC」も

「123」も扱えますが、「数字型」は「123」を扱えても「ABC」は文字なので
エラーとなります。一方でExcelはデータを自由に入力できるため、数字の
みを入力すべき項目に文字が登録されてしまいます（Excelの機能で問題を防げ
るものの、厳密に運用されない場合が多いです）。他の例として「日付」において
も、「2021/01/01」「2021年1月1日」「令和3年1月1日」はどれも同じ日付です
が、本来は同一の表記でなければいけません。項目においても各々で作る
と、「売上」「売上高」「売上金額」といった似た項目が複数作られて、混乱を
招きます。こうして複数人が複数の部門でそれぞれ独自にデータを作ってい
くと、どのデータが正しいのかわからなくなります。異なるデータが乱立し
た結果、分析に必要なデータを準備したり、正しいデータを選ぶのに手間が
かかり、間違ったデータが混じると、正しい分析結果が得られません。**データ
は分析における材料**であり、問題があれば結果にも悪影響を及ぼします。

　このような事態を避けるために、まずはデータベースの概念を認識しま
しょう。その上でルールに沿ったデータ分析を行うために、社内のデータ
ベース管理者など共に、**データの扱いにおけるルール設定**を進めておきま
す。データは分析するだけでなく、正しく管理することも重要なのです。

図1 同じデータベースから異なるデータが出てくるリスク

まとめ	Excelとデータベースのデータはまったく異なる。ルールに沿ったデータづくりが必要。

データベースの構造

データベースを操作できる人は限られる

分析対象となるデータは**専用のデータベースで管理**されています。ここでは、データベースの構造や仕組みについて説明します。

なぜ、データベースのことを知る必要があるのでしょうか。

データの準備を他人に依頼してばかりでは、相手の負担が一方的に増えて非効率的です。そこでデータベースの構造や仕組みを理解して、分析に使うデータがどこでどのように保管されているかを知り、分析に利用するデータをどのように準備するのか、イメージを掴んでおきましょう。

まずは概要から把握します。

テーブルとリレーションシップ

データベースと言っても、様々な種類や用途がありますが、ここまで説明してきたExcelによる分析を前提とするデータは「リレーショナルデータベース」(以下、RDB) で管理されています。

RDBにはExcelと同じく表形式でデータが保管されており、各項目のデータが格納されたテーブルがあります。RDBの特徴に、用途ごとに複数のテーブルがつながっている「**リレーションシップ**」という仕組みがあります。

売上に関するデータを例にすると、「商品」「売上」「店舗」など**データの種類ごとにテーブルが分かれています**。これら複数のテーブルを一つにまと

めると、どの商品がいくらでどこの店舗で売れたのかという意味の「売上」がわかります。では、なぜテーブルを分けて管理するのでしょうか。一つのテーブルにすべてのデータをまとめると、データの容量が大きくなり、項目が増えると管理が大変です。データは頻繁に追加、更新、削除が行われるため、管理に手間がかからないように、テーブルを分けて運用します。

各テーブルはID番号など共通の項目によってつながっています。商品テーブルを例にすると、商品ID、商品名、価格などのデータが保管されています。そこから売上を計算する場合は商品IDとつながる価格を呼び出すなど、つながりのあるデータを取得します。なお、ここでテーブル同士をつなげるID番号などの値のことを、「主キー（プライマリーキー）」などと呼びます。

このように**必要なテーブルから、必要なデータを準備する**のがデータ取得の手順となります。

図1 テーブルとリレーションシップで「分析用データ」を作り上げる

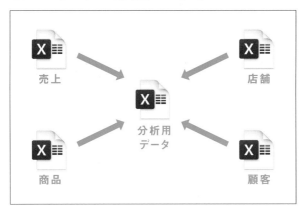

分析用データの準備作業

図2 に掲載したテーブルとデータのイメージを元にして、リレーションシップについて解説します。データは「売上」「店舗」「商品」「顧客」で4つのテーブルに格納されています。そこで、データベース上のリレーションシップ（つながり）を利用して、複数のテーブルからデータを連結する必要があります。対象となるのは売上テーブル（何が売れたか）、店舗テーブル（どの店舗か）、商品テーブル（どの商品か）、顧客テーブル（誰が買ったか）です。それぞれのテーブルには「○○ID」という項目があり、これらが「主キー」となります。それぞれのテーブルに設定された主キーから、分析テーブルとして一つにまとめる流れとなります。

しかし、それぞれの主キーを比較しながらExcelを使って手動でデータをまとめるのには、手間がかかります。一般的には次節で説明するSQLやデータベース製品に搭載された機能などを利用して、一つにまとめます。それぞれのテーブルには複数項目のデータが格納されていますが、すべてが分析に必要なデータではありません。そこで一旦すべてのデータをまとめた上で、分析対象となる項目のみを抽出するなど、目的に応じて取捨選択します。例としては、商品の型番や説明文などは分析の際には省きます。また、社内のデータベースに保管されていないデータなどがあれば、別途追加しましょう。

データベース管理者に分析用のデータ準備を依頼した場合は、このような作業が行われています。本来のデータベースでは、テーブルとリレーションシップは**データベース管理者**によって**綿密に設計**されており、取得するデータによっては扱いに手間がかかる場合もあります。このようなデータベースの構造を踏まえて、事前に管理者と相談しながら作業を進めてください。

図2 テーブルとデータのイメージ

売上テーブル

売上日	商品ID	店舗ID	顧客ID
2021/7/1	101	1	1
2021/7/1	102	2	2
2021/7/1	103	3	3
2021/7/1	201	4	4
2021/7/1	202	5	5

店舗テーブル

店舗ID	店舗名
1	水道橋店
2	両国店
3	九段下店
4	新宿店
5	野毛店

分析用データ

売上日	商品ID	商品名	価格	店舗名	名前
2021/7/1	101	テレビ	134,800	水道橋店	四ノ宮　寅児
2021/7/1	102	掃除機	45,000	両国店	竹下　伸雄
2021/7/1	103	電子レンジ	52,000	九段下店	篠原　夢人
2021/7/1	201	エアコン	99,800	新宿店	三田　雄也
2021/7/1	202	冷蔵庫	183,600	野毛店	平井　海人

商品テーブル

商品ID	商品名	価格
101	テレビ	134,800
102	掃除機	45,000
103	電子レンジ	52,000
201	エアコン	99,800
202	冷蔵庫	183,600

顧客テーブル

顧客ID	名前
1	四ノ宮　寅児
2	竹下　伸雄
3	篠原　夢人
4	三田　雄也
5	平井　海人

本書では、リレーショナルデータベースの概要を理解してもらう点を目的としています。本来データベースの構造はより複雑ですが、わかりやすくするため意図的に簡略化しています。

※各テーブルには他の項目もありますが、スペースの都合上で省略しています。
※テーブルや項目名が日本語ですが、一般的には英数字が使われます。
※「価格」にカンマがありますが、データベース上の値としては表記されません。
※分析用データの「商品ID」「売上ID」には、重複する値が入る場合もあります。

> **まとめ** ｜ ＲＤＢはテーブルごとに分かれており、リレーションシップでつながっている。

データベースを操作するSQL

データベースを操作するSQL

データベース（RDB）を操作する方法に「**SQL**」（エスキューエル）があります。SQLはデータベースに対して、データの追加や削除、検索などの処理を行う、**データベースを操作するためのコンピューター言語**です。一般的なプログラミング言語と比較すると、データの操作に特化しているため、シンプルな構文となります。

SQL構文の例:

SELECT 列名1,列名2,列名3　※取得する項目名
FROM 表名　※データが格納されている場所
WHERE 抽出条件

社員一覧から40歳以上の社員名と部門と年齢を取得するSQL:

SELECT 名前,部門,年齢
FROM 社員一覧
WHERE 年齢 >= 40

また、データの指定、並び替え、絞り込み、加工などの前処理も、SQLで実行できます。Excelでも可能な作業ですが、SQLなら大量のデータをより早く処理できるなどの様々なメリットがあります。

データベースは「取り扱い注意」

　データ分析を行う上で、データの取得や加工は必要不可欠ですが、SQLを使って自分で分析用のデータを準備できれば、管理者の負担も軽減されます。インターネットサービスを提供する企業などでは、社内IT部門以外の社員が研修を受講してSQLを使いこなす事例もあります。

　注意点として、SQLはデータベースに対してどんな操作でも実行できることが挙げられます。たとえ操作ミスであっても、すべてのデータを削除するのも一瞬です。通常は操作を間違っても問題を起こさないように対策が取られており、社内で管理されるデータベースとは別に、分析専用のデータベースが用意されています。

図1 SQLによるデータベース操作の例

```
SELECT  名前,部門,年齢
FROM  社員一覧
WHERE  年齢 >= 40
```

名前	部門	年齢
名良橋　浩史	営業部	44
八木　優	広報部	43
田伏　祐介	製造部	42
五味　秀安樹	管理部	41
中山　栄悟	海外部	40

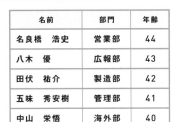

利用者がデータベースに
SQLで命令すると、該当す
るデータが出力される

※ 図1 では、データベースの項目名を日本語にしていますが、一般的には英数字が使われる場合がほとんどです。

まとめ	簡単なデータ操作を自分でできれば、データの準備作業を効率化できる。

前処理とは?

分析する前に汚れたデータをキレイにする

　ここまで紹介したデータは、簡単な処理を行えばすぐに分析できるデータで、データそのものに不備がないという前提でした。サンプルデータによる分析では、数字の店舗コードを店舗名に置き換えるだけで済みました。しかし、実際にデータ分析を行う上で、こうした**キレイなデータばかりではありません**。間違ったデータや未入力のデータも存在しており、分析結果に悪影響を及ぼします（データの不備による影響は110ページを参照）。このような汚れたデータの整備を「**前処理**」や「**データクレンジング**」と呼びます（本書では「前処理」と表記します）。なお、紙の書類やフィルムから現像された写真は前処理以前の問題です。OCR（光学文字認識）やスキャナで読み込むなど、デジタル化しましょう。

前処理とは何をするのか?

　前処理で対応するデータの不備において、例を挙げます。

- 重複：同一の値が複数存在している
- 欠損：データが入力されていない
- 異常値・外れ値：間違った値が入力されている
- 形式の不統一：同じ意味のデータが異なる値で入力されている

　不備のあるデータは状況に応じて仮のデータや平均値を入力したり、分析対象から除外するなどの処理を行います。必要に応じてデータが不備となった原因を探りましょう。また、複数のデータを集計・抽出してまとめたり、必要なデータの取捨選択、不要なデータの削除なども含まれます。前処理はExcelで行う場合もあれば、大量データなどは専用のツールが使われます。分析作業に欠かせない業務なので、状況に応じて自動化や効率化も検討しましょう。

　前処理は目的や分析対象などによって、ここで紹介した以外にも様々な作業が必要です。本書の紹介ではわかりやすさを優先してこのような説明にとどめていますが、**実際にはより複雑な作業**である点は認識してください。どんな分析においても前処理は避けられないので、地道ですが重要な作業として、面倒がらずにていねいに行いましょう。次節ではExcelに起因するデータの不備について、解説します。

図1 前処理が必要なデータの例

会員番号	名前	年齢	性別
100	山田 一郎	25	男
100		300	Man
重複	欠損	異常値・外れ値	形式の不統一

> まとめ｜データ分析において、データの前処理は必須かつ重要な作業である。

データの不備と入力規則

テーマ 〉 そのままでは分析できないデータの例について。

問題があるデータの例

　ここまで紹介したデータは、「集計や分析を行う上で支障がない」という前提でした。しかし、実際の業務ではデータには様々な不備があり、そのままでは作業ができない場面も多々あります。**集計や分析を行う前には必ずデータの中身を確認しましょう**。特にExcelで作成された場合は、不備も多くなります。

　大原則としては次のルールを守り、Excelを資料作成ソフトではなく**表計算ソフトとしてデータを管理しましょう**。

- 1セルにつき1データのみ入力
- セル結合しない
- 数字を扱うセルには数値のみ入力する
- 空白やスペースや改行でレイアウトを修正しない

　総務省が公開している資料「統計表における機械判読可能なデータ作成に関する表記方法」を元に、Excelで作成されたデータの不備について解説していきます。

例1 1セル1データを原則とする。1セルに複数のデータを入力しない

修正前
（1セルに複数のデータが入力されている）

	全国
仕入額	373（平成27年度）、434（平成28年度）、549（平成29年度）、638（平成30年度）
出荷額	972（平成27年度）、1234（平成28年度）、1449（平成29年度）、1738（平成30年度）

修正後
（1セル1データとして入力した状態）

	全国 仕入額	全国 出荷額
平成27年度	373	972
平成28年度	434	1234
平成29年度	549	1449
平成30年度	638	1738

例2 セルを結合しない

修正前
（セルが結合（または分離）されている）

	管理職	従業員数（上段は正社員、下段はパート）
第一営業所	3	15 / 2

修正後
（セルの結合を解除した状態）

	管理職	従業員（正社員）	従業員数（パート）
第一営業所	3	15	2

市区町村	生産本数
ちよだく / 千代田区	58406
ちゅうおうく / 中央区	1411183
みなとく / 港区	2432283

市区町村	ふりがな	生産本数
千代田区	ちよだく	58406
中央区	ちゅうおうく	1411183
港区	みなとく	2432283

都道府県	エリア	市区町村	導入台数	増減数
東京都	特別区部	千代田区	58406	11291
	特別区部	中央区	1411183	18421
	特別区部	港区	2432283	38152
	特別区部	葛飾区	442913	327
	特別区部	江戸川区	681298	2331
	市町村	八王子市	577513	-2540
	市町村	立川市	176295	-3373
	市町村	武蔵野市	144730	5996
	市町村	三鷹市	186936	853
	市町村	青梅市	137381	-1958
	市町村	府中市	260274	4768
	市町村	青ヶ島村	−	−
	市町村	小笠原村	−	−

都道府県	エリア	市区町村	導入台数	増減数
東京都	特別区部	千代田区	58406	11291
東京都	特別区部	中央区	1411183	18421
東京都	特別区部	港区	2432283	38152
東京都	特別区部	葛飾区	442913	327
東京都	特別区部	江戸川区	681298	2331
東京都	市町村	八王子市	577513	-2540
東京都	市町村	立川市	176295	-3373
東京都	市町村	武蔵野市	144730	5996
東京都	市町村	三鷹市	186936	853
東京都	市町村	青梅市	137381	-1958
東京都	市町村	府中市	260274	4768
東京都	市町村	青ヶ島村	−	−
東京都	市町村	小笠原村	−	−

見栄えのためにためセル結合を行うと、集計や並び替えやグラフ化などで支障が出る

例3 数字データに数値以外を含まない

修正前

	単価	前回差分	生産台数
サンプル1	10,030円	130	12,000
サンプル2	9,100円	▲200	29,000
サンプル3	8,020円	▲350	37,000
サンプル4	7,500円	500	43,000
SUM関数	0	630	0
加算演算	#VALUE!	#VALUE!	121000

修正後

	単価	前回差分	生産台数
サンプル1	10030	130	12000
サンプル2	9100	-200	29000
サンプル3	8020	-350	37000
サンプル4	7500	500	43000
SUM関数	34650	80	121000
加算演算	34650	80	121000

「円」、「▲（マイナス表記）」、「,（カンマ）」が文字列として入力されている（下2行は関数で合計を表示した例）

数値データを数値属性として入力した状態（下2行は関数で合計を表示した例）

修正前
（スペースで体裁を整えている）

地域名	出荷本数	在庫本数
津　　市	429	756
四日市市	321	848
伊　勢　市	384	438
松　坂　市	408	775

修正後
（地域コードを併記した状態）

地域コード	地域名	出荷本数	在庫本数
24201	津　　市	429	756
24202	四日市市	321	848
24203	伊　勢　市	384	438
24204	松　坂　市	408	775

修正後
（スペースによる整形を解除しつつ、地域コードの地域名を表記した状態）

地域名	出荷本数	在庫本数
三重県津市	429	756
三重県四日市市	321	848
三重県伊勢市	384	438
三重県松坂市	408	775

修正前
（スペースで体裁を整えている）

分類	総数	事業所数	企業数
合計	900	450	450
A	200	100	100
B	300	150	150
C	400	200	200

修正後
（スペースを解除した状態）

分類	総数	事業所数	企業数
合計	900	450	450
A	200	100	100
B	300	150	150
C	400	200	200

修正前
（改行で体裁を整えている）

薬剤名	出荷本数	単価
鎮静剤A-1	429	756
鎮静剤A-2	321	648
鎮静剤A-3	384	438
鎮静剤A-4	408	775

修正後
（改行を解除した状態）

薬剤名	出荷本数	単価
鎮静剤A-1	429	756
鎮静剤A-2	321	648
鎮静剤A-3	384	438
鎮静剤A-4	408	775

例5 名称などは省略しない

修正前		
(同じ名称を空白で省略している)		
薬剤名	出荷本数	単価
鎮静剤A-1	429	756
2	321	648
3	384	438
4	408	775

修正後		
(省略せずに入力した状態)		
薬剤名	出荷本数	単価
鎮静剤A-1	429	756
鎮静剤A-2	321	648
鎮静剤A-3	384	438
鎮静剤A-4	408	775

項目名の意味がわからなくなるため、すべて入力する

例6 数式は数値データに修正する

修正前				
(合計が数式で入力されている)				
都道府県	市区町村	合計	男	女
東京都	千代田区	20000	10000	10000
東京都	中央区	6000	2000	4000
東京都	港区	8000	3000	5000
東京都	新宿区	5000	4000	1000
東京都	文京区	7000	5000	2000

修正後				
(数値データに修正した状態)				
都道府県	市区町村	合計	男	女
東京都	千代田区	20000	10000	10000
東京都	中央区	6000	2000	4000
東京都	港区	8000	3000	5000
東京都	新宿区	5000	4000	1000
東京都	文京区	7000	5000	2000

fx =SUM(E10:F10)

fx 20000

数式を使用してセルの値を入力した場合、並べ替え等を行った場合に正確な値が表示されない可能性がある

例7 オブジェクトを使用しない

修正前		
(オブジェクトを使用している)		
名称	内容	数量
商品A	サンプル1	100
	サンプル2	200
	サンプル3	300

修正後		
(オブジェクトを削除した状態)		
名称	内容	数量
商品A	サンプル1	100
商品A	サンプル2	200
商品A	サンプル3	300

例8 データの単位を記録する

修正前		
(単位が表記されていない)		
薬剤名	出荷本数	単価
鎮静剤A-1	429	756
鎮静剤A-2	321	648
鎮静剤A-3	384	438
鎮静剤A-4	408	775

修正後		
(単位を入力した状態)		
	出荷本数	単価
薬剤名	本	円
鎮静剤A-1	429	756
鎮静剤A-2	321	648
鎮静剤A-3	384	438
鎮静剤A-4	408	775

例9　機種依存文字を使用しない

修正前
（機種依存文字を使用している）

	収納済額	収納未済額	収納未済額割合
	❶	❷	❶／❷
サンプルA	1000	100	0.1
サンプルB	2000	200	0.1
サンプルC	3000	300	0.1
サンプルD	4000	400	0.1

修正後
（機種依存文字を削除した状態）

	収納済額	収納未済額	収納未済額割合
	1	2	1／2
サンプルA	1000	100	0.1
サンプルB	2000	200	0.1
サンプルC	3000	300	0.1
サンプルD	4000	400	0.1

　また、総務省の資料にはありませんが、次に挙げる入力ミスやデータの間違いにも注意しましょう。

例10　表記ゆれ

修正前

会社名
株式会社佐藤工業
株式会社　佐藤工業
株式会社 佐藤工業
(株)佐藤工業
㈱ 佐藤工業
佐藤工業株式会社

修正後

会社名
株式会社佐藤工業
株式会社佐藤工業
株式会社佐藤工業
株式会社佐藤工業
株式会社佐藤工業
株式会社佐藤工業

例11　入力間違い

修正前

年齢
34
26
18
47
61
555

修正後

年齢
34
26
18
47
61
55

例12　二重登録

修正前

名前	年齢	都道府県
佐藤一郎	34	東京都
佐藤一郎	34	東京都
鈴木花子	25	千葉県
髙橋太郎	41	大阪府

修正後

名前	年齢	都道府県
佐藤一郎	34	東京都
鈴木花子	25	千葉県
髙橋太郎	41	大阪府

例13 半角と全角の混在

<table>
<tr><td colspan="2" align="center">修正前</td></tr>
<tr><td>都道府県・市区町村・番地</td><td>建物・号室</td></tr>
<tr><td>大阪府大阪市阿倍野区1-2-3</td><td>山手アパート101号室</td></tr>
<tr><td>東京都新宿区千人町３－４－５</td><td>ヒルズマンション　２０２号室</td></tr>
</table>

<table>
<tr><td colspan="2" align="center">修正後</td></tr>
<tr><td>都道府県・市区町村・番地</td><td>建物・号室</td></tr>
<tr><td>大阪府大阪市阿倍野区1-2-3</td><td>山手アパート101号室</td></tr>
<tr><td>東京都新宿区千人町3-4-5</td><td>ヒルズマンション202号室</td></tr>
</table>

例14 入力漏れ

修正前

質問1	質問2	質問3	質問4
はい	良い	はい	普通
いいえ	悪い		悪い
はい	良い	いいえ	普通

修正後

質問1	質問2	質問3	質問4
はい	良い	はい	普通
いいえ	悪い	はい	悪い
はい	良い	いいえ	普通

まとめ	分析作業前に必ずデータの中身を確認して、不備のあるデータは修正する。

データの問題を未然に防ぐ

テーマ 〉 Excelの機能を使って、データの入力間違いを防止します。

人間の作業には間違いがつきもの

前節で挙げたデータの不備を未然に防ぐには、**データ作成段階における工夫も必要です**。人間が作業を行えれば、必ず間違いが起こります。そして事前にマニュアルを用意しても誰も読みません。**人間の注意力には期待せず、Excelの機能で未然に間違いを防ぎましょう**。

入力するデータ形式を指定する「データの入力規則」、決められた選択肢を選ぶ「リスト表」、データの入力できるセルの制限する「ロック」などの機能を設定します。

入力規則

「入力規則」ツールでは、入力される形式を自動で指定します。例としてメールアドレスなど英語で入力する項目では、日本語入力をオフにします 図1 。これで事前に日本語入力モードになっていても、自動的に英語で入力されます。

図1 日本語入力をオフにする

Excelで「データ」タブにある「入力規則」→「データの入力規則」を選択

「データの入力規則」ダイアログで「日本語入力」タブに切り替え、「日本語入力」を「オフ（英語モード）」に設定

リスト選択

　データの入力間違いや表記ゆれを防ぐため、選択肢から選ぶ「リスト入力」を適用します。一覧として表示させる値を設定すると、手動入力ではなく用意された選択肢から選べるので、入力間違いを防げます 図2 。ただし、選択肢が極端に多い場合は手間になるので注意しましょう。

図2 　入力内容を選択肢にする

「データの入力規則」ダイアログで「設定」タブに切り替える。「入力値の種類」に「リスト」を設定

（次ページへ続く）

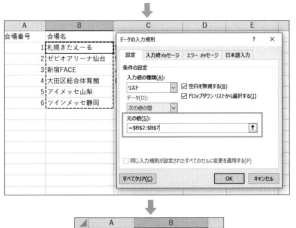

「元の値」に選択肢に設定する
データが入力されたセルを指定

指定した値をリストの選択肢から選べる
ようになり、入力内容を統一できる

　また、リスト入力とVLOOKUP関数を組み合わせると、リストで選択された内容に応じて、自動的にデータが入力されます。例えば、チケットの種類をリストから選択すると、チケットの種類に応じて隣のセルに金額を自動的に入力することも可能です 図3。

図3　リスト入力とVLOOKUP関数を組み合わせる

	A	B	C	D	E	F	G
1	会場選択	会場名	チケット選択	金額		会場番号	会場名
2		#N/A		#N/A		1	札幌きたえーる
3	1		SS席			2	ゼビオアリーナ仙台
4	2		S席			3	新宿FACE
5	3		A席			4	大田区総合体育館
6	4		B席			5	アイメッセ山梨
7	5					6	ツインメッセ静岡
8	6						
9						チケット種類	金額
10						SS席	15,000円
11						S席	10,000円
12						A席	8,000円
13						B席	5,000円
14							

リスト入力を設定

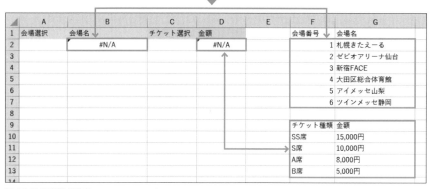

VLOOKUP関数を設定

	A	B	C	D	E	F	G
1	会場選択	会場名	チケット選択	金額		会場番号	会場名
2			#N/A			1	札幌きたえーる
3			1			2	ゼビオアリーナ仙台
4			2 3			3	新宿FACE
5			4			4	大田区総合体育館
6			5 6			5	アイメッセ山梨
7						6	ツインメッセ静岡
8							
9						チケット種類	金額
10						SS席	15,000円
11						S席	10,000円
12						A席	8,000円
13						B席	5,000円

選択

リストから選択肢を選ぶ

	A	B	C	D	E	F	G
1	会場選択	会場名	チケット選択	金額		会場番号	会場名
2	1	札幌きたえーる	S席	10,000円		1	札幌きたえーる
3						2	ゼビオアリーナ仙台
4						3	新宿FACE
5						4	大田区総合体育館
6						5	アイメッセ山梨
7						6	ツインメッセ静岡
8							
9						チケット種類	金額
10						SS席	15,000円
11						S席	10,000円
12						A席	8,000円
13						B席	5,000円

隣のセルに、選択肢に応じた値が自動的に入力される

ロック

　指定されたセル以外は操作できないようにして、間違ったデータを入力できなくするのが「ロック」機能です。次のような手順で設定すれば、指定されたセル以外はデータ入力ができなくなります 図4 図5。

ロックとシートの保護

先に入力可能とするセルを選んでから、マウスを右クリックして「セルの書式設定」を選ぶ

「セルの書式設定」ダイアログで「保護」タブにある「ロック」をオフにし、「OK」を押す

「校閲」タブにある「シートの保護」をクリック

表示されるダイアログで「シートとロックされたセルの内容を保護する」をオンにして、「このシートのすべてのユーザーに許可する操作」にある「ロックされたセルの選択」「ロックされていないセルの選択」の項目をオンにして「OK」を押す（パスワードは空白でも可）

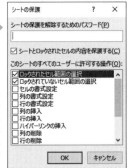

シート保護の解除

「シートの保護」を設定していると、「校閲」タブには「シート保護の解除」が表示されるので、保護を解除する場合はクリックする

まとめ	ミスや間違いを減らすには人間の注意力に期待せず、Excelの機能を利用する。

PRACTICE 21 分析業務を効率化する パワークエリとパワーピボット

テーマ 〉 データ分析で繰り返し行われる作業を効率化するには?

繰り返し作業における問題点

データ分析において、**1回分析して終わりという状況はありません**。売上分析であれば、日・週・月単位で繰り返し行うことが求められます。そのためには、毎回最新のデータを取得して前処理を行い、集計、分析、可視化という一連の作業を繰り返します。しかし、分析作業を継続するには、次のような課題があります。

- 毎回同じ作業を行う手間がかかる
- 手作業のため、間違える可能性がある
- データの変更や更新があると手間が増える
- 一連の作業を習得する負担がある
- 担当者の退職や異動における属人化

そこで新たなデータによる**集計、分析、可視化という一連の流れを自動化する**必要があります。こうした要望をExcelで実現する機能が「PowerQuery」（以下、パワークエリ）と「PowerPivot」（以下、パワーピボット）です。

パワークエリとパワーピボット

パワークエリはExcelファイルやデータベースと連携して、最新データの

取得やデータの加工などを自動で行うツールです。複数のデータから前処理を実行し、分析に必要なデータを一つにまとめて、分析できる状態にできます。データの加工機能については、次節以降で詳細に解説します。

　パワーピボットはパワークエリで準備されたデータを元に、ピボットテーブルを作成する機能です。複数のファイルにおける最新データを連動させて、表やグラフを作成できます。また、計算や表示項目の変更など、レポート作成時の様々な設定が可能です。また、大量のデータを扱う場合、動作が軽くなるメリットもあります。

　パワークエリとパワーピボットを駆使して、手間を掛けずに最新データを分析できる環境を作りましょう。

図1　パワークエリとパワーピボットによる効率化

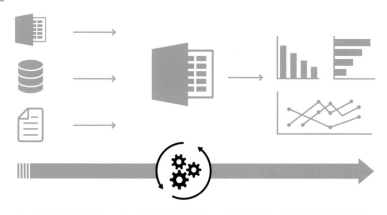

データの取得・集計・分析という一連の作業を自動化して、常に最新データで把握できるようにする

まとめ	集計→分析→可視化の流れを、パワークエリとパワーピボットで自動化する。

PRACTICE 22

意外と知らない パワークエリとパワーピボット

テーマ 〉 両方のツールが連携するメリットは何か?

パワークエリとパワーピボットの特徴

「パワークエリ」と「パワーピボット」の機能について紹介します※。パワークエリはExcelやデータベースから**データをExcelの中に取り込み、集計や加工**を行います。データ分析の観点としては、前処理を自動的に行う機能と言えます。パワーピボットは、**パワークエリで取得したデータから、分析や可視化**を行う機能です。通常のExcelで行う場合と比較して、機能だけでなく扱えるデータの件数や処理速度も向上しています。

> ※パワークエリとパワーピボットはExcel2016以降の標準機能となります。Excel2010/2013をお使いの場合は、マイクロソフト社のWebサイトから機能を追加してください。

パワークエリの特徴

- データの加工(抽出・並び替え)や結合などデータの取得と準備ができる。
- 複数のExcelファイルを取り込んで一つのファイルにまとめる。
- 同じ処理を繰り返して自動化できる。

パワーピボットの特徴

- ピボットテーブルで、複数のファイルを連結して集計できる。
- ファイルサイズが小さく処理速度が早い。

- DAX関数（独自の計算式）で、条件に合わせた集計や抽出ができる。
- 複数のグラフやレポートを1画面にまとめたダッシュボードを作れる。

なぜパワークエリとパワーピボットが必要なのか

　パワークエリやパワーピボットを使わない場合はどうなるでしょう。複数のデータをまとめるにはExcelのVLOOKUP関数やコピー機能を利用します。分析業務は、日、週、月ごとに行いますが、毎回同じ作業を手動で行うのは手間ですし、ミスも起こります。対してパワークエリなら自動でデータを取得して、パワーピボットによって最新データによる分析が行なえます。また、同様の処理はExcelに付属するVBA（プログラミング言語）・マクロ（操作の自動化）でも実現できますが、習得の手間や担当者の退職や異動などを考慮すると、パワークエリ・パワーピボットの方が適切な場合もあります。また、他のツールで同様の機能を利用するには、追加費用や社内申請などの手間もかかってきます。その点からも個人が手軽に使えるExcelにおいて、**データの取得・加工・分析までひと通り自動化できる**メリットは大きいでしょう。

　パワークエリとパワーピボットは便利ですが、Excelに慣れたユーザー向けの機能です。将来的な作業の自動化や組織内への展開を見据えて、本書では概要のみ説明しております。詳細な操作方法については、巻末の参考書籍にてご確認ください。

まとめ	パワークエリとパワーピボットを使いこなせば、Excelのみでデータ分析業務の自動化と省力化を実現できる。

PRACTICE 23 パワークエリによる データ準備の効率化

データの取得・準備・前処理の自動化

データ分析を行う上で、データの取得と前処理は必須作業です。さらに、データの不備の確認や修正も行いますが、毎回手動で行うのはとても手間がかかります。実業務では前述した家電量販店のデータ分析と異なり、データは複数の場所に異なる形式で保管されており、件数も多いです。また、データを目視でチェックしても見落としがありますし、大量データをExcelの関数で処理すると時間がかかる場合もあります。

そこで、**データ準備を自動化する「ETLツール」**があります。ETLとはE（Extract・抽出）、T（Transform・変換）、L（Load・読み込み）の頭文字です。Excelに付属するETLツールであるパワークエリも同様に、データの収集と加工に特化しています。効率的なデータ準備を実現できる以下の機能が実装されています。

- データの加工（抽出や分割など）
- データの結合と転記
- 列と行の操作（レイアウト変更など）
- 重複データなどの削除
- 文字の整形（置換・切り取り・表記ゆれの修正など）
- 数字及び日付の計算

パワークエリはデータの取得や加工において、様々な処理を実行できます。データベースに格納されているデータを「分析できるデータ」にするためには、多くの処理を駆使しなければいけません。このことは、データ分析において**「分析するためのデータを準備する前処理」が大半を占める**と言えます。複数のデータから目的にあったデータを必要な分だけ選び、分析できる形式に準備する作業を毎回行うのは大変です。分析者自身も基本的なデータ加工を行えるスキルを徐々に身につけましょう。

パワークエリのメリット

　パワークエリで読み込めるデータは、Excelだけでなく一般的な業務で使われるデータベースにも対応しています。同様の処理はVLOOKUP関数でも実行できますが、データ件数が多いと動作が遅くなる場合があります。パワークエリであれば大量のデータも高速に処理できるため、状況に応じて使い分けましょう。

　既存のExcelファイルを変更せずにそのまま使える点も、パワークエリを使うメリットです。これまでと同じくExcelで作られた資料にデータを入力して、パワークエリ側で指定されたデータを取得できます。このような人間が行う作業に変更がない点は、導入・活用の観点からも重要です。

図1　パワークエリの仕組み

E（Extract・抽出）　　　T（Transform・整形）　　　L（Load・取り込み）

データの取得→データの整形と加工→分析環境に合わせた形式で出力

まとめ	パワークエリを活用するなど、データ準備作業の習得と効率化を進める。

154

PRACTICE 24 パワークエリによる データの加工

テーマ 〉 パワークエリで実行できるデータ加工の概要を紹介する。

パワークエリによるデータ加工の種類

パワークエリを使って行えるデータ加工の作業を紹介します。なお、本書では、機能の紹介に留めますので、詳細な手順については巻末の参考書籍を参照してください（→225〜226ページ）。

並び替え

指定した列を並び順を変更します。関連のある項目を左右に並べるなど、データを見やすくします。

図1 並び替え

名前	部門	役職	年齢

削除

指定された列を削除します。不要なデータが含まれると処理が遅くなったり、容量が増えるため、分析に必要なデータを選別します。

図2 削除

名前	部門	役職	年齢

結合

複数の列を1つにまとめます。住所など、複数に分かれたデータを1つにまとめます。

図3 結合

都道府県	市町村
東京都	新宿区
北海道	札幌市
福岡県	福岡市
神奈川県	横浜市

住所
東京都新宿区
北海道札幌市
福岡県福岡市
神奈川県横浜市

分割

一つのデータを複数に分割します。区切る基準は文字指定や空白スペースや位置などを指定できます。

図4 分割

名前
山田　太郎
佐藤　一夫
高橋　花子
渡辺　裕美

姓	名
山田	太郎
佐藤	一夫
高橋	花子
渡辺	裕美

行の選択

条件に合致するデータを絞り込みます。文字や数値など様々な条件で指定できます。

図5　行の選択（例：東京都のみ抽出）

住所
東京都新宿区
北海道札幌市
福岡県福岡市
東京都港区

➡

住所
東京都新宿区
東京都港区

並び替え

指定した条件から昇順・降順で並び替えます。

図6　並び替え（例：単価で昇順）

製品名	単価
テレビ	98,000
洗濯機	122,000
冷蔵庫	158,000
電子レンジ	74,800

➡

製品名	単価
電子レンジ	74,800
テレビ	98,000
洗濯機	122,000
冷蔵庫	158,000

文字列の整形

指定された条件で文字列を修正します。

図7　文字列の置換（例：「㈱」を「株式会社」に置換）

項目
㈱山田商事

➡

項目
株式会社山田商事

図8 空白の削除

会社名
株式会社 山田商事
株式会社　　山田商事

➡

会社名
株式会社山田商事
株式会社山田商事

図9 文字の部分切り出し（例：「株式会社山田商事」を切り出す）

項目
株式会社山田商事御中
株式会社山田商事ご担当者様

➡

項目
株式会社山田商事
株式会社山田商事

図10 大文字小文字の変換

項目
株式会社abc

➡

項目
株式会社ABC

項目
株式会社ABC

➡

項目
株式会社abc

図11 セル結合を解除して空白で埋める

項目	項目
株式会社山田商事	AAA
	BBB
株式会社田中産業	CCC
	DDD
株式会社高橋工務店	EEE
	FFF

➡

項目	項目
株式会社山田商事	AAA
	BBB
株式会社田中産業	CCC
	DDD
株式会社高橋工務店	EEE
	FFF

名寄せ

図12 例：名寄せテーブルに登録された表記で「ＡＢＣ」「エービーシー」を含むすべてのデータで表記を統一する

会社名
株式会社 ABC
株式会社　エービーシー
㈱ABC
ABC株式会社

名寄せテーブル
ABC
エービーシー

会社名
ABC
ABC
ABC
ABC

数値計算

指定された条件で計算や集計を行います。

図13 例：軽減税率の適用で8%・適用外で10%の金額を計算する

製品名	販売価格	軽減税率
しょうゆ	300	○
牛乳	200	○
ビール	400	×
ワイン	1000	×

ID	販売価格	請求額
しょうゆ	300	324
牛乳	200	216
ビール	400	440
ワイン	1000	1100

図14 日付の計算（例：契約日から利用日数を計算する）

顧客	契約日	今日の日付
A	2019/5/7	2021/10/1
B	2020/3/26	2021/10/1
C	2021/1/4	2021/10/1

顧客	契約日	今日の日付	利用日数
A	2019/5/7	2021/10/1	878日
B	2020/3/26	2021/10/1	554日
C	2021/1/4	2021/10/1	270日

図15 日付の集計（例：7月の最高気温30℃未満と30℃以上の日を集計）

日付	最高気温
2021/7/1	29
2021/7/2	27
2021/7/3	31

30℃未満の日	30℃以上の日
9	22

日付	最高気温
2021/7/29	32
2021/7/30	30
2021/7/31	31

重複排除

同じデータが複数存在する場合に、片方のデータを削除します。

また、結合する先のデータに重複データがある場合、条件によって残すデータを指定できます。

図16 例：重複データが存在する場合は登録日が新しいデータを残す

ID	商品名	登録日
1	洗濯機	2021/1/1
2	冷蔵庫	2021/1/1
3	電子レンジ	2021/1/1
4	電子レンジ	2021/3/1
5	液晶テレビ	2021/1/1

ID	商品名	登録日
1	洗濯機	2021/1/1
2	冷蔵庫	2021/1/1
3	電子レンジ	2021/3/1
4	液晶テレビ	2021/1/1

まとめ	パワークエリによって「分析データの準備作業」が格段に効率化される。

PRACTICE 25 パワークエリによる データの結合

テーマ 〉 複数のデータを扱う場合は、条件を指定してデータを結合して一つにまとめる。

データ結合における条件指定

　パワークエリで複数のデータを1つにまとめる処理を「データの結合」と呼びます。**複数のデータベースには重複するデータや項目が存在する**ため、そのままでは不整合が起こります。そこで対象となる対データと目的を考慮しながら、**適切な条件を指定して**結合を行います。よく使われるのは「左外部結合（LEFT JOIN）」と「内部結合（INNER JOIN）」なので、まずはこの2つを覚えておきましょう。他の結合も参考として紹介しております。なお、データの結合は意図しないデータになるなどの事故を招きやすいので、慎重に行ってください。

左外部結合（LEFT JOIN）

基準となるデータAを元にして、結合先のデータBに該当しない値があれば空白として結合します。

図1 左外部結合

データA			データB				ID	名称	価格

ID	名称
1	ボールペン
2	シャーペン
3	マジック
4	色鉛筆
10	ノート

+

ID	価格
1	100
2	200
3	300
4	400
5	500

=

ID	名称	価格
1	ボールペン	100
2	シャーペン	200
3	マジック	300
4	色鉛筆	400
10	ノート	

内部結合（INNER JOIN）

基準となるデータAと結合先のデータBを比較して、両方で一致するデータのみを結合します。

図2 内部結合

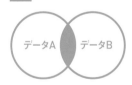

ID	名称
1	ボールペン
2	シャーペン
3	マジック
4	色鉛筆
10	ノート

+

ID	価格
1	100
2	200
3	300
4	400
5	500

=

ID	名称	価格
1	ボールペン	100
2	シャーペン	200
3	マジック	300
4	色鉛筆	400

右外部結合（RIGHT JOIN）

基準となるデータAにおいて、結合先のデータBに該当しない値があれば削除されます。また、結合先のみに存在するデータは残ります。

図3 右外部結合

データA

ID	名称
1	ボールペン
2	シャーペン
3	マジック
4	色鉛筆
10	ノート

データB

ID	価格
1	100
2	200
3	300
4	400
5	500

ID	名称	価格
1	ボールペン	100
2	シャーペン	200
3	マジック	300
4	色鉛筆	400
5		500

完全外部結合（FULL OUTER JOIN）

基準となるデータAと結合先のデータBの両方に存在する値をすべて結合します。

図4 完全外部結合

データA

ID	名称
1	ボールペン
2	シャーペン
3	マジック
4	色鉛筆
10	ノート

データB

ID	価格
1	100
2	200
3	300
4	400
5	500

ID	名称	価格
1	ボールペン	100
2	シャーペン	200
3	マジック	300
4	色鉛筆	400
5		500
10	ノート	

左反結合（差異の抽出）

　基準となるデータAのみに存在し、結合先のデータBにはないデータを残します。両データの差異を抽出する場合に使用します。

図5　左反結合（差異の抽出）

データA	
ID	名称
1	ボールペン
2	シャーペン
3	マジック
4	色鉛筆
10	ノート

データB	
ID	価格
1	100
2	200
3	300
4	400
5	500

ID	名称
10	ノート

右反結合（差異の抽出）

　基準となるデータAになく、結合先のデータBのみに存在するデータを残します。両データの差異を抽出する場合に使用します。

図6　右反結合（差異の抽出）

データA	
ID	名称
1	ボールペン
2	シャーペン
3	マジック
4	色鉛筆
10	ノート

データB	
ID	価格
1	100
2	200
3	300
4	400
5	500

ID	価格
5	500

パワークエリ特有の結合

　VLOOKUP関数では実行できない処理も、パワークエリ特有の機能を紹介します。パワークエリでは複数の項目を比較して、合致するデータを結合できます。下の例では、2つのテーブルにある「ID」と「セール対象」で合致するデータを結合しています。

図7　複数項目による結合

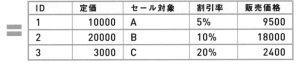

ID	定価	セール対象
1	10000	A
2	20000	B
3	3000	C

ID	セール対象	割引率
1	A	5%
2	B	10%
3	C	20%

ID	定価	セール対象	割引率	販売価格
1	10000	A	5%	9500
2	20000	B	10%	18000
3	3000	C	20%	2400

2つのテーブルにある「売上ID」と「セール対象」で合致するデータを結合

まとめ	対象となるデータの項目などを考慮して、適切な条件で結合する。

パワークエリと
パワーピボットの連携

テーマ ＞ パワークエリとパワーピボットは連携によって成果を発揮できる。

分析と可視化を強化するパワーピボット

　パワークエリで準備したデータは、パワーピボットで分析と可視化を行えます。複数のファイルのデータを手動や関数によって１つにまとめる方法では、データが大きく複雑になると非常に大変です。さらに分析は一度実行して、終わりではありません。定期的に分析を繰り返して、変化を追いながら都度対応することが重要です。そこでパワークエリで自動的に最新データを準備して、パワーピボットで集計と分析を行います。

　また、大量のデータを取り込んだり、計算式を追加するなど、様々な形でデータを加工できる点も、メリットです。最新データをその場で分析できるので、会社でよくある「会議で分析レポートを説明したら、上司が思いつきで資料にないデータにおける説明を求めてきた」という場面にも、その場で回答できます。

繰り返し作業における負担を減らす

　データの準備や分析作業を毎回担当者に依頼しても、**いずれ手間になって分析業務が廃れてしまいます**。データ分析を行う際に、最新のデータで様々な軸から検討できなければ効果がありません。

　誰でも使えるExcelというツールであれば、多くの社員がデータ分析による意思決定に参加できます。表計算ソフトとしてのExcelのメリットを適切に

活かしつつ、まずは個人や少人数によるデータ分析を展開していきましょう。

すべてExcelで完結すべきか

　ここまでExcelのみで完結する方法を前提としましたが、他のツールを利用する方がメリットが大きい場合もあります。Excelは社員のほとんどが使えて、追加の費用がかからず、何でもこなせる万能ツールかもしれませんが、それ故の欠点も多く存在します。「なんでもExcel」「とりあえずExcel」「Excelでできることは全部Excelでやれ」という一方的な思想ではなく、他のツールも検討する柔軟性も持ち合わせてください。

図1　パワークエリとパワーピボットの連携イメージ

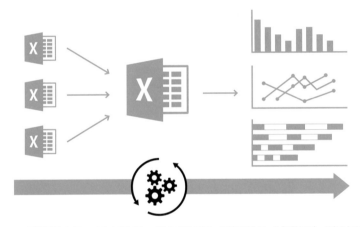

パワークエリの自動更新で、Excelの内部にExcelを含む他のデータを取り込む。分析用にデータをまとめたExcelファイルの内部では、リレーションシップという仕組みにより大量のデータが連動しており、パワーピボットを用いて、動的かつ様々な切り口による分析が可能になる

まとめ	パワークエリとパワーピボットとExcelは便利なツールだが、必要に応じて使い分けたい。

Excel以外の分析ツール

テーマ 〉 Excelは個人による基本的なデータ分析に適しているが、目的や用途で別のツールも検討する。

Excelの限界

ここまでExcelを使ったデータ分析を解説しました。様々な事情でExcel以外のツールが使えない環境も多いためです。しかし、Excelによるデータ分析には、次のような限界やデメリットもあります。

- 見栄えのよいレポートやグラフの作成
- 組織全体による情報共有が難しい
- 大量データの分析ができない（処理速度が遅い）
- Excel方眼紙や神Excelによる書式の不統一
- 複数人の運用における、履歴管理などが煩雑
- 目的に応じた関数や分析機能の選定が難しい
- 画像、音声、文章などが分析できない

こうした制限はパワークエリやパワーピボットなどによる運用である程度回避できますが、処理が複雑化したり、扱える人が限られるなどの懸念もあります。Excelで実行できる機能であっても、より簡単かつ高性能なツールを併用すべき場面もあります。Excel以外の選択肢としては、次のようなツールがあります。

- BIツール：見栄えがよく動きのあるグラフやレポートを作成できる。ま

た、組織全体の情報共有にも適している。

- データ分析専用ツール：分析処理を行うアイコンを並べて、簡単にデータ分析ができる。製品によっては分析だけでなく、データの取得や加工、レポートによる可視化、作業の自動化も可能。
- クラウド：データ分析におけるサービスや機能をインターネット経由で利用できる。導入や運用が容易で、代金は利用した分だけの支払いとなる。画像、音声、文章なども分析できる。
- プログラミング：Excelよりも、複雑かつ詳細にデータの処理や分析ができる。大量データの扱いや作業の自動化なども可能だが、習得に時間がかかるのが難点。

このように、Excel以外にも、データ分析には様々なツールがありますが、**どれが最適かは一概に決められません**。特にクラウドやプログラミングは、目的に合わせて柔軟な仕組みを開発できますが、習得難易度が高くITエンジニアやデータサイエンティストによる利用を前提としています。これらはさらなるスキルアップを狙う方向けの参考として読んでください。用途や状況を考慮しながら、適材適所で運用することが重要です。次節から各ツールの特長を見ていきます。

図1 Excel以外にデータ分析が行えるツールの特徴

	キレイな レポート	複数人の 利用	大量データの 扱い	複雑な分析	習得難易度
BIツール	○	○			普通
分析専用ツール		○	○	○	やや難しい
クラウド	○		○	○	難しい
プログラミング			○	○	とても難しい

まとめ	どの分析ツールが最適かは、用途や状況によって変わってくる。

BIツール

テーマ 〉 BIツールの特長とデメリットについて。

データ可視化に強いBIツール

BIツールのBIは「Business Intelligence（ビジネス・インテリジェンス）」の略で、データの可視化やレポートに特化しています。グラフなどの可視化機能はExcelにもありますが、BIツールは可視化に特化しており、豊富なグラフによって見た目が美麗なレポートを作成できるのが特徴です。また、分析方法やグラフに表示する内容をその場で簡単に変更できるので、会議などで想定外の質問をされても対応できます。製品によっては、分析や前処理などの機能もあります。

BIツールの特徴は次の点です。

- 映えるレポート：様々な地図などのグラフを使って、美しく見栄えのするレポートを作成できる。
- 双方向による分析：分析軸や対象となるデータをその場で切り替えて、異なる視点からのデータを動的に分析できる。
- 組織で情報を共有：「ダッシュボード」という複数のデータやグラフを1画面にまとめて表示する機能があり、組織全体で最新データを簡単に共有できる。
- 社内システムとの連携：各種データベースや業務用ソフトとデータの連携が容易で、社内の最新情報を必要に応じて取得できる。
- 作業の自動化：データの取得や加工を自動化して、処理の内容も細かく

設定できる。
- 複数人での運用が快適：同じファイルを複数人が共同利用したり、他の利用者が作成したグラフやレポートの流用が可能。また、作業履歴の管理や機能の利用制限なども対応している。

BIツールのデメリット

BIツールのデメリットは導入費用がかかる点です。製品や契約にもよりますが、**一人あたり年間で数万〜数十万円程度が目安**です（無料のツールもありますが、使いこなすには手間や技術力が必要です）。そのため利用者が増えると費用面で負担も大きくなります。ツールによっては機能が制限された低価格版や、データの閲覧のみ可能な無料版などもあるので、業務によって使い分けるなどの工夫が必要です。また、見栄えのよいグラフやレポート作成も大事ですが、分析結果の掘り下げが疎かにならないよう注意しましょう。

図1 BIツールの代表的な製品「MotionBoard」の画面例

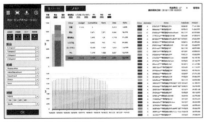

営業部門・予実確認ボード
（見込み案件が予算に対して、どのくらい積み上がっているか、その経過推移や詳細を確認できる）

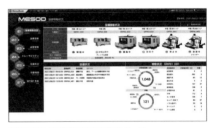

製造部門・設備稼働状況確認ボード
（工場内の設備の現在のステータスと、過去の停止要因などの関連情報を確認できる）

（画像提供：ウイングアーク1st株式会社）

> **まとめ**　BIツールはデータの可視化機能に優れ、組織内におけるデータ共有も容易に行える。

データ分析専用ツール

データ分析専用ツールの特長

データ分析に特化した専用ツールには「DataRobot」「SPSS」「SAS」などの製品があります。複雑な分析や定型業務の自動化、データの取得や加工はもちろん、Excelが苦手としている**複数人による共同作業や履歴の管理**などにも適しています。

データ分析専用ツールの特長は次のような点です。

- わかりやすい画面：アイコンを並べ、実行する処理を選択するだけで、簡単に分析作業を実行可能。
- 豊富で強力な機能：Excel以上の分析機能だけでなく、データの取得や加工、グラフやレポートの作成など、BIツールのような機能も備えている。また、複雑な分析手順を共有したり、他の人が作成した手順を編集するなど、分析業務を効率化する様々なサポート機能もある。
- 最適な分析手法を自動選択：Excelでは最適な分析手法を自分で選ぶ必要があるが、分析ツールでは目的に合わせて適切な分析手法を自動で選択してくれる。
- 様々なデータを分析できる：画像や音声や長い文章など、Excelでは扱えないデータも分析可能。
- 大量データを扱える：Excel では処理に時間のかかる大量データでも、短時間で分析できる。分析業務を繰り返すと徐々にデータ量が増える

が、長期的な運用にも耐えられる。

データ分析専用ツールのデメリット

デメリットはBIツールと同様に導入費用です。一般的にBIツールより高額で、数百万円以上の製品もあります。また、新たに操作を覚える必要があるため、トレーニングを受講したり、ツールの使い方がわからない人にはサポートを用意するなどの手間がかかります。誰でも一度は触ったことがあるExcelと違い、未知のツールであるため拒否反応が出る場合もあります。いずれにせよ製品によって機能や性能も異なりますし、自社用途に合わせた機能追加や画面デザインの変更はできません。用途に応じて最適なものを選びましょう。

図1 代表的なデータ分析専用ツール

DataRobot
https://www.datarobot.com/jp/

nehan
https://nehan.io/

まとめ | 複雑な分析を容易に行える反面、使いこなすためには一定のトレーニングが必要。

クラウドサービス

テーマ > クラウドサービスの特長とデメリットについて。

手軽な導入と運用を実現

　クラウドはインターネットを経由して、様々な機能を提供するサービスです。Excelのように利用者のパソコンで動作するソフトとは異なり、外部のコンピュータ上で動作する仕組みです。データ分析向けの用途としては、データの保管や加工、分析、可視化やレポート作成などの機能が提供されています。また、BIツールやデータ分析専用ツールの中にも、クラウドとしてインターネット経由で提供される製品もあります。

　クラウドの特長は次のような点です。

- 導入や運用のコストが低い：専用機器の導入やパソコンへの設定などが不要で、簡単に導入できる。サービスの運営も提供者側が行うため、負担が少ない。また、利用人数や、契約するサービスの変更も容易に行える。
- 必要な機能を選べる：データの保管、前処理、分析、可視化など、様々な機能が提供されている。その中から必要な機能を利用できるため、柔軟な分析環境を構築可能。
- 安全・安定性が高い：自社で運用には障害対策やセキュリティにおいて高度なノウハウが必要だが、専門家によって安全に運用される。

クラウドサービスのデメリット

　クラウドをデータ分析に使う上でのデメリットは、費用の計算が難しい点です。**使用した時間や処理したデータ量に料金が変動する**ため、使いすぎると思わぬ請求額になる場合もあります（そのため課金額の上限設定などに対応しています）。懸念点として、インターネット経由で利用するため、障害などでサービスを利用できない場面もあります。万一のトラブルに備えて、**停止しても問題のない業務**などに適用しましょう。また、事業者ごとに提供するサービスや料金、サポート体制などは異なります。自社の業務にあった機能やツールを適切に選択するには、ITやプログラミングに関する知識が必要です。こうした背景から、実際に使う段階において、BIツールやデータ分析専用ツールよりも手間がかかる場合もあるので注意してください。

図1 クラウド型の分析ツールの代表例

Amazon Web Service
https://aws.amazon.com/jp/

Google Cloud Platform
https://cloud.google.com/

まとめ	導入や運用が容易に行えるが、クラウド側で障害が発生する場合もある。

PRACTICE
31 プログラミング

テーマ 〉 プログラミングの特長とデメリットについて。

自由度が高く費用はかからない

　データ分析向けのプログラミング言語には、汎用性の高い「Python（パイソン）」や、統計解析向けの「R（アール）言語」などが使われています。また、ライブラリやフレームワークと呼ばれる、分析に必要な機能がまとめたツールもあります。ExcelにもVBAというプログラミング環境が実装されており、繰り返し作業の自動実行や帳票やレポートなど定型的なファイルの作成も可能です。目的や用途に合わせて選んでください。

　プログラムでデータ分析を行うメリットは次のような点です。

- 複雑で細かい処理ができる：他のツールで行っている分析データの取得、加工、分析、可視化などの処理は、プログラミングでもひと通り可能。さらに細かな処理や設定もできるので、**分析の自由度が高くなる。**
- 利用料が不要：PythonやR言語における開発環境はインターネット上で無料で提供されている。機能が拡充されたライブラリやフレームワークなどもインターネット上で公開されており、その多くは無料で利用可能。VBAもExcelの標準機能なので、追加費用はかからない。
- 情報が豊富：BIツールやデータ分析専用ツールは、提供元の企業が提供するマニュアルやテクニカルサポートに頼ることになり、公開されている情報が限定される。しかし、プログラミング言語は世界中にユーザーがおり、インターネット上の情報や関連書籍も豊富。情報が多いので、

トラブルの解決法や不明点なども調べやすい。

プログラミングのデメリット

デメリットとしては、プログラミング言語を**習得するまでの技術的・時間的なハードルの高さ**です。他のツールと比べて習得に必要な難易度が高く、覚えなければならない情報も多いです。本人の適性も影響するため、誰もが一定のレベルで開発することは難しいでしょう。開発するための環境を作る段階でつまづく場合もあるので、入念に情報収集と準備を進めてください。また、自由度が高い反面、処理が複雑になるため、維持管理の負担が大きくなります。開発者が退職して、仕様がわからずに元のプログラムを修正できないなどのケースも起こり得るため、**継続的な利用における保守性が懸念点**となります。プログラミングというツールそのものに対する料金はかかりませんが、使いこなして運用するための手間という観点では、金銭的な費用以外において一定のコスト負担がかかります。

開発や運用を社内の人材ではなく、外部のIT企業に委託する方法もあります。しかし、エンジニアは離職や転職が多いので、委託先が同じ問題を抱えることになります。こうした状況に備えて、依頼内容や品質管理において委託先を管理できる人材が必要となります。この点は他のツールも同様ですが、プログラミングにおいてはブラックボックス化が進行しやすいので、注意してください。

まとめ ｜ 無料で幅広く活用できるが、習得難易度や継続的な運用における敷居が高い。

分析力を
どうやって活用するか

目的は「分析すること」だけでなく「成果を出す」こと

ここまで「なぜデータ分析が重要なのか」「どのようにデータ分析を学ぶのか」、そして「どうやってデータを分析するか」を説明しました。その上で、**「データ分析を用いて、どうやって成果を出すか」**が求められます。「会社における利益やメリットや業務改善につながるか」という点です。

まずはご自身の業務において、Excelによるデータを分析を活用できる場面を探してみましょう。データ分析を学ぶ中で、今まで見えてこなかった改善点が見えてくるはずです。業務知識や現場を知っている強みを持つ読者らしいアイデアが出てくるでしょう。本書がExcelによる分析に特化しているのは、会社の中で個人が手っ取り早く成果を出せるからです。まずはExcelを資料作成ソフトでなく**データ分析ツール**として使いこなしてください。

本書ではデータの準備と加工といった前処理にもページを割きました。実際にデータ分析を行う上で重要な作業ですが、どうしても分析そのものより軽視される傾向があります。現実のデータは散在して汚れており、そもそもハンコ・電話・FAX・紙書類のようにデータ化以前の問題もあるのです。

さらに分析力を伸ばすなら、データサイエンススキル（統計・数学・プログラミング）や、データエンジニアリングスキル（データベース・クラウド）が必要です。社内にデータ分析を展開するなら、ビジネススキル（ビジネスモデルの提案、マネジメント力、コミュ力）が求められます。

本書では分析機能について簡単な説明に留めていますが、広く浅く学ぶ中

でどれが自分に必要な内容なのかわかってきます。会社や現場に必要な技術を取捨選択しながら、詳細な解説や操作方法は他の書籍や動画サイトなどで学んでください。まずは本書で説明した内容をベースにして、継続してスキル全体を底上げしましょう。なぜならデータ分析における技術や知識は常に新しくなっており、**学び続けること**が重要だからです。

　そしてデータ分析は、自分一人だけではできません。データの取得には社内IT部門に依頼しますし、分析結果を業務で反映するには他の方の協力も必要でしょう。こうやって幅広いスキルや知見を身につけながら、**データ分析で会社を変えていく勇者型データ分析人材**を目指していきます。まだまだデータサイエンティストの入り口ですが、一番ダメなのは学ばずに現状を変えようとせず、何もしてないのに文句だけ言う人です。それでは自分も会社も、変わらないし変われません。まずはスタートラインに立ちましょう。

図1 データ分析で会社を変えていく勇者型データ分析人材を目指そう

まとめ	データ分析の知識と技術を身につけたら、どうやって業務で活かせるかに進める。

GAFAのデータサイエンティストに転職する方法を調べてみました。

データサイエンティストと言えば、世界的に有名なIT企業であるGAFAで活躍して、高収入を稼ぐ人もたくさんいます。GAFAのデータサイエンティストに転職する方法について、せっかくなので調べてみました。

応募における必須条件は、定量分析の分野における修士号です。これはコンピュータサイエンス、数学、機械学習、統計などが該当します。さらに統計ソフトウェア（R、Python、Julia、MATLAB、pandasなど）の使用経験、データベース（SQL、RDB、カラム型）に関する知識が求められます。データ分析における2〜3年程度の実務経験も必要です。外資系企業なので、ビジネスレベルの英語力も忘れないでください。

歓迎条件には定量分析の分野における博士号、高度な分析手法を用いて大規模かつ複雑なデータから解決策を導き出す能力、非公式な要求から問題を定義する能力、分析結果からビジネスにおける推奨事項を提案する能力、定量的な情報や分析結果から得られた知見を視覚化して伝えるプレゼンテーションスキル、チームマネジメント経験などがあります。

気になる年収は1,200〜1,500万円程度です。基本給に加えて、株式や特別ボーナスの支給もあるようです。

いかがでしたか？ ちなみにGAFAの一角であるFacebookは、「Meta」への社名変更を発表しました。今後は「GAFA」という呼び名が変わるかもしれませんね。今後もデータサイエンティストから目が離せません！

PART

4

ACTION

データ分析で
会社が変わる

組織や企業で、データ分析を
導入・活用するための具体的な施策を伝えます。

データ分析を
個人から組織へ

テーマ 〉 データ分析を組織全体に広げる。

まずは成果や実績を示す

PART3では、データ分析に必要な技術や知識を紹介してきました。まずは一人でも自由に使えるExcelで、自分の業務にデータ分析を取り込んでみましょう。分析によって**新たな発見**があったり、**業務効率化のきっかけ**をつかめるでしょう。その上で、ビジネスでデータを活用するためには、データ分析によって業務で何らかの実績や成果を出すことが求められます。

ここまで学んだ内容で、まず自分一人の業務でデータ分析の成果を出して、次はこれを自分"以外"に展開してください。個人としては可能でも、**組織として実行するのは簡単ではありません**。しかし、組織全体としてデータ分析に取り組まなければならない背景は、PART1でもお伝えしました。まず個人で実績を出すことが求められるのは、会社として取り組むにあたって、成果を事例や示す必要があるからです。

データ分析の体制作り

データ分析の有用性を組織に展開することと並行して、データ分析業務を仕組みとして定着させます。個人で行うにせよ、組織全体で行うにせよ、データ分析が**一時的なものではなく継続して行う**必要があります。そして、個人にせよ組織にせよ、分析のために同じ作業を繰り返し行うのが大変であることは変わりません。

　社内で特定の担当者に負担が集中すれば、いつまでも組織全体でデータ分析を行う体制は実現しません。専任の担当者の"職人技"に依存せず、口頭で伝えられて明文化されない作業工程をルールにまとめる必要があります。こうして効率よく最新のデータを分析できる体制を作り、分析だけで疲弊せずに、**分析作業と分析結果に基づいた施策を実行できる**ようにします。

　データ分析で個人の業務を改善しても、成果には限界があります。対して組織全体を改善できれば、より大きなメリットが得られます。ここまで学んだ企業活動を取り巻く背景、知識や技術を調べる方法、データ分析のノウハウを、個人から組織に展開することがPART4のテーマとなります。

　ここまで本書を読みながら実践することで、分析に関する基本的な技術や知識を身につき、今までは見えなかった「どこでどうやって分析を役立てるか」の勘所がわかるはずです。

技術と知識だけでは組織は変えられない

　組織全体としてKKD（勘・経験・度胸）からDNA（データ・数字・分析）への転換するには、より"強大な敵"と戦うことになります。しかし、いつまでも同じ仕事のやり方では時代に適応できません。社内展開に必要な「**提案→了承→メンバー集め→データ整備→分析の実行と展開→改善と効果測定**」という一連の流れを通して、データ分析を社内に普及させましょう。前章ではデータの準備と分析を学びましたが、技術だけで組織は変えられません。本章を通して技術以外も身につけ、自社を**データ分析を活用できる組織**に変えていきましょう。

まとめ	データ分析の基礎的な知識と技術を身につけたら、組織にも広げる術を学ぶ。

会社を救う
"現代の勇者"

抵抗勢力に縛られた会社を救え

　組織にデータ分析を普及させるために、まずは個人の業務でデータ分析を使って何らかの実績や成果を出すことが必要です。では、自身の業務で成果を上げてアピールすれば、会社として組織全体にデータ分析を展開するでしょうか?

　結論から言えば、個人で成果を出しても、会社はかんたんには変わりません。しかし、データ分析で会社を救う"現代の勇者"に必要なものは、**一歩踏み出す勇気**です。変化を拒む抵抗勢力に囚われた会社を変えるしかありません。

　では、RPG(ロールプレイングゲーム)で魔王討伐を命令する王様のように、外部のIT企業やコンサルタントに依頼しますか? 社内の人間に対しても抵抗する人達は、外部の人間に言われても抵抗します。命令だけの王様ではなく、**自ら戦いを挑む勇者でなければ信頼は得られません**。

組織内の人間だからできること

　反発する抵抗勢力は、変わることで得られるメリットより、変わることに対する恐怖と面倒が上回る現状維持バイアスに囚われています。ここで読者の強みとなるのは、組織の一社員の立場にあることです。組織内部の人間であるからこそ、自社の内情を把握できますし、社内の人間関係によるつながりで影響力のある人物を説得できます。抵抗勢力とも近い立場だからこ

そ、現場の問題を見つけやすく、組織やチームの目線で業務改善を提案してメリットを提言できます。これは**外部の立場であるIT企業やコンサルタントにはない強み**です。

　個人から組織へデータ分析を展開するには、技術的な問題以外にも様々な障壁があります。会社という強大な敵を倒して、**社内改革を達成するのは長く険しい道のり**です。RPGのように徐々にレベルを上げて、装備を整えて、中ボスを倒しながら魔王を討伐してエンディングを目指します。

　そこで企業内においてデータ分析を普及させるには、下記の流れで働きかけていきましょう。少しずつ説明と理解を積み重ねていくことがポイントです。

組織で成果を出すために必要なこと

- 社内に展開する了承を取り付ける
- データ分析チームを立ち上げる
- データ基盤を整備する
- 分析ツールの導入と人材育成を行う
- 効果検証と改善のサイクルを作り上げる
- 立場や役職を問わずデータ分析を活用する文化

図1 会社を変えるためには、幾多の壁を乗り越えなければいけない

個人による成果 → 社内で了承 → チーム立ち上げ → データ基盤の整備 → ツール展開と人材育成 → 分析文化の醸成

> まとめ ｜ 現状維持に囚われた会社を救うために、自ら戦いを挑む勇者になる。

成果を出すには 「課題設定」が重要

業務を熟知する立場で考える

データ分析で成果を出すには、「課題設定」が重要です。ここで述べる課題設定とは、「業務知識をもとにデータ分析を活用できる場面を見出し、成果を判断するスキル」とします。ここでの「成果」は売上増など直接的なものに限らず、コスト削減や業務負担の軽減など、**間接的な利益**も含みます。まずは、業務の詳細を把握している担当者であり、細かい部分も把握している自分自身が課題設定を考えます。外部のコンサルタントやIT企業に依頼すると時間やコストもかかり、社内の独自文化や現場の暗黙知まで把握できません。IT企業もデータ分析の専門家であり、解決すべき問題を見つけるプロではありません。まずは現場を知る立場として、課題の洗い出しや影響を算出します。課題設定について、最初からすべてを自力で行うのが難しい場合は、どのように実現させるか、社内外の有識者に意見を求めてもよいでしょう。予算や手間を考慮しつつ、現実的な課題設定ができるのも、現場を知る立場の強みです。

データ分析プロジェクトを遂行できる人材へ

分析技術に強いデータサイエンティストは徐々に増えていますが、ビジネス上の課題をまとめてデータ分析プロジェクトを遂行する**プロダクトマネージャー**や**ビジネスデザイナー**と呼ばれる人材はまだまだ不足しています。ま

た、こうした人材は外部からの採用が難しく、社内人材の登用も検討されます。**豊富な業務知識から課題設定**を行い、**関係各所と調整を進めながらマネジメント**ができる人材を目指しましょう。特に社内や業界における固有の事情や背景にある業務知識においてアドバンテージがあり、属人化と社内文化と業界事情と「ウチの会社の常識」に強い人材は外部による替えが効きません。業務知識と分析力があれば、事前にプロジェクトにおける失敗しやすい部分なども見えてくるでしょう。分析力だけでなくプロジェクト全体を取りまとめるマネジメントスキルと合わせて伸ばしていきましょう。

図1 「プロダクトマネージャー」「ビジネスデザイナー」には社内の人間が適している

名称	役割	人物像
プロダクトマネージャー	データ分析プロジェクトを主導するリーダーとして、現場や経営者との意思疎通を行う。	管理職や部門の中心人物として、改革意識を持って実行する人材。
ビジネスデザイナー	データ分析の企画立案や関係者との折衝を担いながら、分析業務を支援する。	ビジネスと技術の両方に強く、豊富な業務知識を持ち合わせている人材。
データサイエンティスト	データ分析技術に長けており、課題に基づいた分析結果を導き出す。	統計・数学・プログラミングをベースとしたデータ分析技術を習得した人材。

出典:IPA「デジタル・トランスフォーメーション(DX)推進に向けた企業とIT人材の実態調査 〜詳細編〜」
29ページの図を元に作成 https://www.ipa.go.jp/files/000082054.pdf

まとめ｜課題設定を行いながら、社内でデータ分析プロジェクトを推進できる人材を目指そう。

ビジネス課題と解決策を結びつける

テーマ 〉 データ分析ですべての課題を解決できるとは限らない。

解決策はデータ分析以外でもよい

　課題設定だけでなく、解決策としてデータ分析ツールの導入や分析技術の調査などが挙げられますが、すぐに成果が出るとは限りません。そして、データ分析よりも手間のかからない方法があれば、そちらを使うべきです。

　データ分析は、必ずしも完璧ではありません。精度100%にはできませんし、外れる場合もあります。そこで分析"以外"の解決策を検討するのもよいでしょう。業務効率化であれば、ムダな作業をなくしたり、作業の流れを変更することも解決策であり、効果があります。**初歩的で簡単な解決策でも成果が出ればよい**のです。そもそもデータ分析を行うには、ここまで説明したようにいろいろな準備が必要となります。仮にデータ分析を行う場合でも、高価なデータ分析専用ツールは必須ではなく、Excelで十分な場面があります。データ分析は手段であって、目的ではありません。確実に成果が出る場面なら手間のかかるデータ分析を行い、そうでない場面では他の方法を用いる柔軟な判断力も必要です。

制約がある中で正解を探す

　解決策を考える段階において、どのようなデータが必要か、どのツールが適切か、どういった人材やスキルが求められるかなどを考慮しましょう。実現が難しい解決策ではハードルも上がり、実施には慎重な判断が求められま

す。一方で、近年はデータ分析ツールやクラウドの普及もあって、導入コストと技術的なハードルは下がっており、データサイエンティスト以外でも（トレーニングは必要ですが）使いこなせます。また、技術的な調査や試作段階なら、クラウドを使って安価に試すこともできます。

同じ作業をIT企業に依頼する前に、自社でクラウドなどを用いて試作してもよいでしょう。特定の業界や用途に特化した製品も増えており、様々な用途で利用できます。

重要なことは、**社内におけるビジネス課題と解決策を結びつける能力**です。予算やスケジュールの制約もある中で、自社に最適な解決方法をうまく見つけましょう。

課題に対する解決策を考える上での象徴的なエピソードとして、宇宙開発競争が挙げられます。宇宙の無重力ではボールペンのインクが出てこないため、ある国は宇宙空間で使えるボールペンを開発しました。一方、別の国は鉛筆を使っていました。どちらが少ない手間と予算で解決できるかは、言うまでもありません。

図1 予算をかければ最適な解決策が見つかるとは限らない

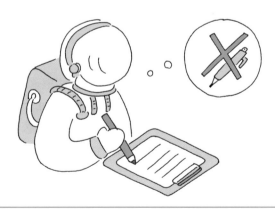

まとめ	解決策を導き出す上で重要なのは、ビジネス課題と解決策を結びつける能力。

メリットを生む
ビジネスプランを考える

テーマ 〉 意思決定を下す経営者に、問題解決のための提案を承認してもらうには。

新規事業による利益創出はハードルが高い

　課題設定から、問題解決のために施策を実行するには、**利益創出などのメリットを生み出すビジネスプラン**が必要です。

　ビジネスプランの一例として、自社に蓄積されたデータを販売するモデルが挙げられますが、他社にとっても価値があるとは限りません。仮にデータを保有していても、新規事業として新たな売上とするのは難しいです。Amazonなど世界的なIT企業においても、多くの新規事業が失敗しており、難しさが伺えます。

　まずは「0→1」の新規事業で新たな売上を作るより、「1→10」で既存事業や業務を改善するモデルが現実的です。売上増など、攻めの提案は目立つしわかりやすいですが、難易度も高いです。対して技術継承や効率化やコスト削減など、**守りの提案は地味ですが、確実に効果があります。**

　その上でプロジェクトの規模感を把握するために、必要な予算やスケジュールについても計算します。想定レベルでも提示しなければ会社も判断ができません。会社は、投資に対する利益で判断するため、理想としては**予算や時間をかけずに成果が出やすいプロジェクト**が有利です。同じ1%のコスト削減でも、「100万円から99万円」と「100億円から99億円」では扱いも異なります。これには社内業務を把握している必要があるので、**社内で働いている立場が強み**にもなります。

小さな成功から信頼関係を構築する

　データ分析プロジェクトを推進する上で、自社の環境で成果を出しやすい施策を提案する方が説得力があります。

　まずは小規模なプロジェクトから提案してみましょう。はじめから大きな成果を狙う必要はなく、リスクも高く失敗すると失望感や責任も大きくなります。最初から期待値を上げすぎず、小さな成功例を積み重ねながら、社内の信頼関係を積み上げることが重要です。

　ここまで進めた上で、必要な予算や人員、目指すゴールとなる数値目標となどのKPI（重要業績評価指標）を準備します。経営者が知りたいのは、「**自社でどれだけコストがかかり、どれだけの利益が上がるか**」のメリットであり、「データが分析が必要です」という主張ではありません。これらを固めるために必要な説得材料を準備しましょう。

図1　新規事業の立ち上げより既存の業務改善を優先する

まとめ	小規模だが、業務改善やコスト削減につながるビジネスプランを考えてみる。

事例と調査レポートを
活用する

テーマ 〉 事前調査として、他社の事例や信頼性の高い資料を調べる。

反論やリスクに備える

　ビジネスプランを経営者に提案する前に、**事例や調査レポート**も調べておきましょう。社内への提案では、第三者における事例や客観的な根拠が判断材料になるからです。こうした事前調査は、提案段階で挙がる指摘や反論に対する準備でもあります。他社における同様の取り組みを調査するのは、必要な準備や想定されるリスクを把握する意味でも有効です。また、大企業では既に社内の他部門が似た施策を進めていたり、過去に取り組んだ可能性もあるので留意しましょう。

　事例や調査レポートは専用サービスやIT系ニュースサイト、イベントなどで情報収集できます。しかし、インターネットによる調査のみでは、事例の簡単な紹介記事が中心で、関係者しか知らない情報は把握できません。多くの企業は、情報公開に消極的であり、特に失敗した事例は担当者といっしょに闇に葬られます。成功事例でも競争優位性につながる内容を伏せたり、都合のよい部分のみ公開するなど、様々な事情があります。華々しい成功事例の裏側には形式上のリーダーが広報的に脚色された内容を語り、実業務は下請け企業に丸投げだったかもしれません。公開された情報を鵜呑みにせず、必要に応じて調査も必要です。

　では、他社の成功事例が、自社の成功につながるのでしょうか。同じことを行っても**他社と自社では条件が異なるため、成功する根拠にはなりません**。あくまで他社の成功事例と、社内を説得する材料は分けて考えましょう。

第三者のレポートが説得材料になる

　個別企業の事例だけでなく業界動向を把握するためには、官公庁（経済産業省、総務省、特許庁、IPAなど）が定期的に発行する調査レポートも欠かせません。専門家による信頼性が高い調査レポートが無償で公開されており、**データ活用の発展の遅れに警鐘を鳴らす**レポートも存在します。

　ITに関する提案や施策に対して、危機感が薄い意思決定者には、**公的機関お墨付きの資料**を説得材料として提示しましょう。官公庁以外にも、民間の調査会社やシンクタンク、一般社団法人なども調査レポートを出しており、特定業界の動向なども付加することで、より説得力が増してきます。

　会社で何か新しいことをはじめるには、**前例と根拠**が必要です。事例探しは時間と手間がかかりますが、一番大きなコストは経営者への"説得コスト"です。データ分析を導入・活用する上で、**説得と根拠は必要不可欠**なので、入念に準備しましょう。

図1　事例や調査レポートが集められたWebサイト

AI活用事例の検索プラットフォーム「e.g」
（https://ledge-eg.com/）
AIの活用事例を検索できる。会員登録（無料）が必要

経済レポート情報
（http://www3.keizaireport.com/）
経済経営に関するレポートを多数掲載している

　まとめ　意思決定者の判断材料として、事例や調査レポートなどの客観的な証拠を示す。

経営者、現場、他部門には
事前に働きかける

周囲の理解なしには、データ分析プロジェクトを社
内で推進できない。

事前説明と周囲からの後押しは必須

　データ分析と同じくらい、**社内でデータ分析プロジェクトに関する了承を
取り付ける**のも重要です。周囲の理解がなければ支援も得られず、横槍も入
るため、**事前の根回しが必要不可欠**となります。「根回し」として、軋轢を起
こさない範囲で了承を取り付けつつ、縦割り組織で他部門とのつながりも
作っておきましょう。

　こうした社内政治において大きな壁となる、経営者（上司も含む）、現場、
社内IT部門について対策を準備しましょう。

- 経営者：現場の改善よりも**経営上のメリットや競合他社の動向**を示し
  て、了承を得ましょう。社内において「上からのお墨付き」は、現場の
  了承や他部門との調整でも有効です。了承を取り付けるのはプロジェク
  トを進める上で有効ですが、提案できる機会が限られる点や、了承まで
  時間がかかる点を考慮しましょう。
- 現場：データ分析を含むIT活用や業務の変更に対して、反発が予想され
  ます。**仕事の邪魔をしない点、人員削減ではない点、効率化による現場
  のメリット**を強調して、了承を取り付けます。並行して声が大きく意見
  が通りやすい人物から説得したり、関心を持つ人を味方につけて賛成派
  を増やします。既存業務に影響を及ぼすため、説得は必須となる対象で
  す。

- 社内IT部門：社内システムやデータベースを統括する立場として、データの利用や分析ツールの導入で了承を取り付ける必要があります。まずは**社内ルールに従いつつ、徐々に協力や理解を取り付ける**など、着地点を探りましょう。

　もしも周囲の理解が得られなかった場合は、提案内容に落ち度がないか調べましょう。根拠が不明瞭だったり問題が起こった場合の対応策が不十分であれば、検討すらされません。改めて課題設定や調査の段階からやり直しましょう。業務改善そのものはよいことですが、独りよがりな主張ではなく会社全体にとって有益かどうかを客観的に判断すべきです。

　いずれにせよ会社を動かすには、**ボトムアップでは限界があり、トップダウンが重要**となります。データ分析で成果を出している企業の多くは経営者が危機感を持っているなど、組織ぐるみで取り組む重要性を認識しています。

図1 事前に各方面の理解を得て、支援者を増やす

> まとめ　キーパーソンとなる相手に、各立場でのメリットを上手に伝えて、味方を増やす。

対立より対話

| テーマ > | 反対意見や否定的な感情を持つ人を、どう説得していくか。 |

新しい取り組みには反対がつきもの

データ分析プロジェクトにおける関係者との折衝や根回しを進める中で、反対派の抵抗は避けられません。また、**趣旨には賛同しても個別の具体策には反論**も出てきます。このような反応は現場だけに限らず、危機感の薄い経営者にも起こり得ます。そうした状況を想定した「傾向と対策」も準備しておきましょう。下記はその一例です。

反対の理由	傾向と対策
自社には不要・関係ない	同業他社の事例を展開して危機感を認識させる
ITはわからない	「2025年の崖」など、官公庁の権威を利用する
予算がない	既存の環境で対処できる取り組みから進める
誰が責任を取るのか	責任問題に発展しない小さな課題から実施する
実行できる人材がいない	提案者が中心になって行う
技術的に難しい	難易度の低い課題から対処する

また、周囲の反対だけが問題とは一概に言えません。提案側の内容において、費用対効果の算出が曖昧だったり、失敗した場合の対処について見通しが甘いなどの問題もあります。否定された内容についてより掘り下げて、完成度の高い計画を立案することも重要です。

対話においては、同じ社内の立場では説得力が足りない場面もあります。

相手が権威に弱いタイプなら、あえて社外の立場から主張するのも効果的です。有名企業の社長による発言や成功事例があれば、説得力が違います。ここで重要なのは「何を言うか」ではなく「誰が言うか」なのです。

　それでも反対派がすぐに納得するわけではありません。まずは、**恐怖心を解いて関心をもってもらいましょう**。例えば、無償ボランティアのような立場でデータ分析を活用しながら業務を手伝うなど、**信頼関係の構築**からはじめます。少しずつ取り組みを認識してもらい、成果が出れば、反対意見も徐々に変わっていきます。人の意見はすぐに変わるものではないので手間と時間はかかりますが、粘り強く取り組みましょう。

　それでもダメならアプローチを変えます。繰り返し説得する、同じ部門の別の人をあたる、上の立場の人から言ってもらう、賛同者を探すなどがあります。ここであきらめず、「反対する人がいるのは無関心ではなく認知されているから」と前向きに捉えつつ、認知を広げていればいずれ賛同者も出てきます。このように周囲の理解を深めながら、味方を増やしていくことが重要です。

図1　アプローチを変えながら、説得を繰り返す

まとめ	手を替え品を替え、ていねいに説得を繰り返して、少しずつ賛同者を増やす。

分析チームの立ち上げ

リーダー選びとチーム編成

　データ分析の推進について了承を取り付けても、一人では取り組みに限界があり、社内に波及させるには影響力も足りません。そこで必要なのは**データ分析チーム**の立ち上げと、**プロジェクトリーダー**です。PART4-03（→187ページ）で紹介した職種として、目標達成を主導する「プロダクトマネージャー」に該当します。

　さらにメンバーとして、利益を出す仕組みを作る「ビジネスデザイナー」、データの準備から分析を行う「データサイエンティスト」を登用します。特に「データサイエンティスト」においては、データ分析、可視化やレポート作成、データの準備や加工などの業務が細分化されます。規模に応じて専任や兼任、必要な人数を考慮しましょう。

　どのようなスキルを持つ人材をどれだけ集めるかなど、リーダーとして冷静で的確な判断力が求められます。また、プロジェクトリーダーとして、ここまで解説してきた経営者や現場との交渉に加えて、**社内への情報共有や成果の説明**、技術動向の調査、チームや外注の管理など幅広いスキルが求められます。特定分野における専門的なスキルはメンバーに任せつつ、各メンバーの業務を把握できる程度のスキルは必要です。その上でメンバーが業務をスムーズに遂行でき環境作りを進めます。プロジェクトが成功すれば実績を社内の共有する広報としての役割が求められますし、失敗すれば要因を分析して説明する責任があります。チームが分析を繰り返して経験を蓄積し、

社内に展開していく中心となる立場です。成功と失敗のどちらにせよ、ノウハウを共有しながら社内で改善を繰り返していきましょう。

最初から大規模なチームが必要なのか

　こうした取り組みを進める上で、**他部門との調整などのコミュニケーションスキル**も必要です。技術とビジネスの両面で、広く深いスキルが求められるため、社内で様々な経験を積んでおり、一定の役職や権限がある人材が理想と言えます。

　このような責任ある立場ですから、リーダーは強制や任命ではなく、**自身の使命感で立候補できる人材**が適任です。もしも経営者や上司から一方的に命令されたリーダーが率いるデータ分析プロジェクトであれば成功率は低いでしょう。しかし、社内に都合よく適任者がいるとは限りません。まずは提案者が中心となり、既存業務に影響が出ない範囲で進める方法もあります。または製造業におけるQC（品質管理）サークルのように、既存の取り組みから徐々に活動範囲を広めたり、社内勉強会から始める方法もあります。できる範囲で数人のチームを立ち上げ、徐々に拡大する形で進めていきましょう。

図1　データ分析プロジェクトのリーダーの役割

経営者への説明　　現場との調整

データ分析の
アイデア・調整　　メンバーや
プロジェクトの管理

まとめ　┃　チーム立ち上げが難しい場合は、最小構成の
　　　　　メンバーで小さな取り組みから始める。

社内からの人材抜擢

外部から人材を採用する難しさ

分析チームの立ち上げにおいては、人材確保の難しさが懸念されます。ま
ず最初に検討すべきは、社内から人材抜擢です。既にデータ分析に強い人材
の採用は、**新卒・中途のどちらも厳しい状況**です。また、地域特性としてIT
企業全体のうち約4割が東京周辺に集中しており、三大都市圏（東京・大阪・
名古屋）では約7割を占めます。もちろん人材も都市部に集中しており、地方
ではさらに厳しくなります。募集においても給与などで高待遇が求められて
おり、仮に採用されても特別扱いされた立場に社内から反発もあるでしょ
う。環境が合わなければ、仮に採用できても、成果を出す前に短期間で退職
する可能性も高くなります。

それでも外部からの採用にこだわるなら、正社員や日本人などの条件を撤
廃して、フリーランスや外国人なども視野に入れるべきです。こうした背景
もあるので、まずは社内から人材を探してみましょう。

社内の人材を抜擢するメリット

「社内によい人材がいない」と嘆く企業もありますが、「いない」のではな
く**「埋もれている」**のが実情です。データ分析に求められる統計、数学、プ
ログラミングは、理系の大学を卒業した社員に適性がある分野です。文系出
身であっても自主的に学んでいるなど意欲のある社員もいるでしょう。こう

た素養や現状に危機意識を持つ社員が社内にいても、会社の都合で適性とは無関係な業務に従事している場合があります。社員のスキルとやる気を活かすなら、データ分析チームに抜擢する方が本人にも会社にも有益です。

人材抜擢においては、所属長の了承、社内公募、専任と兼務の対応など人事制度面における整備も必要です。また、今後同様の人事異動にやりやすくするために前例を作るなど、対策を考慮しましょう。

社内からの人材抜擢は、周囲の理解が得られやすい点もメリットです。現場で苦労しながら会社を支える現場にとって、外部から来たコンサルタントやデータサイエンティストに対して反発もあるでしょう。こうした批判を避けるため、同じ会社で仕事をしてきた人材が強みとなります。

データ分析スキルは一般的な教材で身につきますが、**特定企業における固有の分野に関する業務知識**を習得するのは時間も手間もかかります。特にメールの書き方さえも独自ルールがあるような大企業では、外部の人間が「お作法」を学ぶことは非常に困難です。すべてが暗黙知となり、悪い意味で秘伝のタレとなった環境では、外部からの変革を受け入れる余地はありません。そのわずかな隙間を狙えるのも、社内人材が有利な点と言えるでしょう。

図1　素養や現状に危機意識を持つ人材を抜擢する

> まとめ　│　企業内における「お作法」の隙間を狙って、
> 　　　　　　変革を起こせるのは社内人材の為せる技。

外注委託における注意点

テーマ 〉 外注に依頼する場合の注意点を探る。

発注元も外注先も反省しよう

　社内にデータ分析プロジェクトを任せられる人材がおらず、育成や採用も難しい場合はどうすべきでしょうか。一般的には外部のIT企業やコンサルティング会社に依頼しますが、注意が必要です。社内に責任者を立てて外注先と業務を進めようにも、発注側の理解が乏しいと、**ただの「連絡係」となり、いわゆる「丸投げ」となって失敗します。**

　「丸投げ」は、発注側の担当は社内からの要望を伝えるだけで、後の作業をすべて外注先に委託する形です。当然、外注先は**データ分析の専門家であって、業務はわかりません。**分析技術はあっても業務知識が足りなければ、求められる成果は出せないでしょう。

　また、発注元ではなく、外注先に問題があるケースも想定されます。まずは実績や技術力を見抜くのが重要です。**IT業界は下請け構造**となっており、実際に分析を行う下請け会社の技量や知識を見抜けない場合があります。

　さらに下請け会社が、都合よくデータに強い人材を手配できるとは限りません。また、従来から発注している外注先であっても、データ分析に強い会社かどうかは別問題です。このような元請け先を窓口とする下請け構造には管理業務の委託やトラブル対応における保険の意味合いもあり、一概に悪いとは言えません。それでも依頼内容に応じて外注先を変えるなど、柔軟な対応が求められます。

内製化と外注委託のバランス

　外注に依頼してプロジェクトを成功させるには、発注先を選定する判断力と、リスクを許容できる体制が必要です。

　課題設定やプロジェクトマネジメントは自社で行いつつ、徐々に自前で分析業務を行う割合を増やすなど検討しましょう。また、簡易な業務は内製化して、難易度が高い業務は外注に委託して補完する方法もあります。

　外注委託ばかりでは社内にノウハウが継承できず、特定の外注先に依存する体制となります。データ分析プロジェクトの終了後に、スキル移転を行うなど、徐々に自前で実行できる範囲を広げましょう。**自社で作業を行う内製化と、外注に委託するバランス**が重要となります。

図1 過去の失敗を繰り返さない

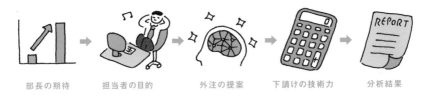

部長の期待　　担当者の目的　　外注の提案　　下請けの技術力　　分析結果

> まとめ ｜ 外注先の技術力だけでなく、発注元の管理能力が成功するか否かを左右する。

社内に眠るデータは
宝の山なのか?

分析に取り組むためには、事前にデータベースを整備し、データを「見える化」する。

データはどこに消えた

　社内の了承とチームの立ち上げを進める中で、並行して取り組む業務があります。社内にある**データの整備**です。本書では社内外の業務内において利用される様々な種類のデータが保管された環境を「**データ基盤**」とします。まずはどのデータベースにどんな種類のデータが保管されているか、データの量や保管期間はどの程度か、どのデータベース製品を使っているか、誰が管理しているかなどを把握します。並行してデータベース担当者が把握していないデータの存在についても、調査しましょう。

　データ分析を行う上では、分析よりもデータの準備や前処理に手間がかかる場合もあります。これが組織全体となると、大きな負担になりますし、社内に眠ったデータが活用されない問題もあります。

　さらに複数のデータが異なる環境で保管されており、お互いに連携が取れていない状況を「**サイロ化**」と呼びます。「サイロ」は穀物を保管する設備ですが、**データにおいては情報が孤立して連携が取れない状況**を指しています。既に説明したように、データ分析は単独のデータではなく、様々なデータを組み合わせて、加工する工程が必要です。これをスムーズに行うため、データ基盤を整備する必要があります。

分析する前に必要なデータを可視化する

　わざわざ手間がかかり、目に見えた成果が伝わりにくいデータ基盤の整備が重要なのは、**「データ分析」の成果**をわかりやすく伝えるためです。例としてデータ分析によって、業務がどれだけ改善したかを知るには、実施前・実施後のデータの比較が必要です。分析前に必要なデータの可視化は、事前準備として重要です。また、社内にどんなデータがどれだけあるかを把握することで、分析できるデータの種類や量から、今後の計画を見定めることができます。この作業には費用や手間や権限が必要なので、早い段階から準備を進めておきましょう。

　社内にある大量のデータは「宝の山」に見えますが、**「活用できれば」という条件付き**です。データの質と量がわからなければ、アテのない宝探しです。データは**分析することで、初めて価値が生まれます**。まずは元になるデータの量、品質、場所などを把握しましょう。これがデータ基盤の整備が重要となる理由です。

図1 個々のデータが孤立して連携が取れない「サイロ化」を整備する

営業　　　　　　　　　生産ライン　　　　　　　　在庫

まとめ ┃ 大量のデータを活用するには、データベースの整備とデータの「見える化」が不可欠。

データ基盤の理想形

整備には時間と手間がかかる

　データ基盤の整備として、まずは紙書類などアナログな分析対象の有無を確認します。これらを分析するには**事前にデジタル化**が必要です。次にデータの持ち出しなど管理運用におけるルールを見直します。外注先に分析を委託する場合、社外にデータを持ち出す場面が想定されます。**安全性を確保しつつ、スムーズに運用できる体制作り**が必要です。

　こうした整備が必要なのは、データ分析プロジェクトにおいて、データの取得や加工といった準備作業が大きな負担になるためです。もしもハンコ、電話、FAX、紙書類によるやり取りをチャットツールやオンライン打ち合わせや電子契約に置き換えれば、自動的にデジタル化されてデータとして蓄積されます。これらの業務を分析することで、営業成績のよい人の話し方を参考にしたり、手続きを効率化するなどのメリットがあります。単純にアナログからデジタルによる置き換えるのではなく、データ化されることで新たな発見があります。あらゆるやり取りがデータ化されることで、どのようにして分析し、どんな付加価値を生むかを考える点も重要です。

　データ基盤の整備として、前節でも述べたサイロ化によって複数部門でバラバラに管理されたデータの統一も必要です。こうした整備にかかる手間や予算に対して、成果がわかりにくいという懸念もあります。一方でデータを利用する側にとっては、どう管理されているかを意識せず、問題なく動いて当たり前というギャップもあります。

少しずつ理想形に近づける

　データ整備の重要性と手間を理解してもらう意味でも、社内での協力を取り付けておく必要があります。現在は大規模なデータに適したクラウドサービスも提供されており、社内での運用と比べて負担も減ってきました。一方で既存のデータ基盤が複雑化して、維持管理における負担の増大などの問題もあります。

　利用者にとってデータ基盤の理想形は、**必要なデータを簡単に取得**して、興味のある分野を**自由に分析できる環境**です。こうした環境を提供できれば、会社全体でデータ分析の文化が浸透していきます。

　一朝一夕に解決できる問題ではありませんが、社内のデータを整備しなければ、いつまでも非効率で精度の低い分析しかできません。それでも時間と手間はかかる以上、ある程度は未整備やサイロ化された状況でもデータを活用ができる仕組みも並行して準備するなど、現実的な解決策も求められます。まずはデータの整備という第一歩を踏み出してください。

図1　必要なデータを自由に分析できる環境が理想

大量のデータ　　　　　データベース　　　　利用者

まとめ　｜　利用者が分析を行いやすい環境を整えると、会社全体にデータ分析の文化が浸透する。

分析ツールの選定と展開

スキルや目的に応じてツールを選ぶ

仮に将来データ基盤が整備されて社員全員がデータを分析できる環境が整ったら、全員がExcelを使って分析すべきでしょうか。Excelにもメリットとデメリットがあり、全員が同じツールとはいきません。目的や職務に応じて適切なツールを提供すべきです。分析ツールは、機能の比較表や予算や取引先の提案で選ぶのではなく、**自社の用途に最適な製品を自社で選定する**ことが重要です。分析ツールの営業担当による見た目がキレイな操作デモに感化されたエラい人が決めるのではなく、実際に現場でツールを使う担当者にも決定権を持たせるべきです。また、検討に時間をかけすぎると、熱が冷めて導入自体が見送りになります。**どこをこだわり誰が使うべきかを見極めて**、必要なツールを選定しましょう。

仮に分析ツールの導入が決まっても、社内に配布しただけでは、誰にも使われません。分析作業の頻度が低い人はExcelで十分ですし、複雑な分析には専用ツールが必要となり、分析結果を把握するだけなら簡単に情報共有できるBIツールがよいでしょう。

習得にかかる時間や導入にかかる予算を考慮すると、全員が複雑で高価な分析ツールを使うのは非現実的です。ツールの構成案としては分析専門家チーム、少しデータ分析ができる社員、分析結果を参照する現場担当者に分類して、それぞれに必要な数のデータ分析専用ツール、Excel、BIツールを展開すべきです。このようにそれぞれの**スキルや目的に合わせて、ツールを選**

ぶことが必要です。

組織全体で分析スキルを底上げする

　こうしたツールの展開に対して、費用が問題視される場合があります。特にデータ分析専用ツールは高価なため、導入には慎重となります。対策としてプログラミングで代用したり、新たな人材の確保などがあります。しかしプログラミングができる優秀なデータサイエンティストを高給で採用するより、社内にいる社員が分析ツールを覚えた方が安価な場合もあります。

　データ分析を活用する道具として多くの選択肢がありますが、今後数年（あるいはそれ以上）に渡って継続的に使いこなせるかがポイントです。特定の人材に依存しないツール選定を考慮しましょう。

　そして目指すゴールはツールを導入して使いこなすことではありません。**会社にとって利益を出す**ことであり、**ツールはそのための手段**でしかありません。それを念頭に入れて、導入と展開を進めていきましょう。

図1　組織内のデータ分析ツールと分析スキルの関係性

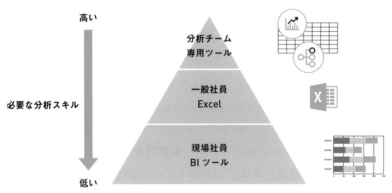

高い

必要な分析スキル

低い

分析チーム
専用ツール

一般社員
Excel

現場社員
BIツール

まとめ　分析ツールの導入は「手段」に過ぎず、利益を出すことが最終ゴールとなる。

人材教育とトレーニング

テーマ 〉 データ分析を会社全体に定着させるために、社内の
文化として醸成させていく。

ITが苦手な層にも理解してもらう

　データ基盤と分析ツールという社内環境を準備した上で、次は社内における**データ分析文化の醸成**が必要となります。ツールやデータは存在するだけでは意味がありません。社内文化として「データで考える」「データを分析する」「分析結果に基づいて施策を実行する」という一連のサイクルが、定着しなければいけません。

　分析ツールの展開と並行して、データ分析の重要性や習得のノウハウを社内に浸透させます。当然新たなことの学習に反発する人も出てきます。背景には「ツールを使いこなせないとクビになるのか」などの不安があります。これを早い段階で解消しなければ、誤った認識のまま反対派になるため、**コミュニケーションの回数を重ねて**、理解してもらいましょう。

　並行してデータ分析に関心のある人を取り込んで、データ分析の利用方法やメリットを把握してもらい、部門やチーム内に展開してもらいます。一人で社内全体に波及させるのは無理なため、**各部門やチームに旗振り役（アンバサダー）となる人を任命**します。わからないことがあっても、違う部署に聞くのは抵抗がありますが、普段いっしょに仕事をする人なら、質問しやすいでしょう。

　ここで重要なのは、**従来の方法も残しながら、徐々に浸透させる**点です。抵抗感のある社員にとって急な変化は反発を招く材料となるからです。相手に押し付けるのではなく、まずは興味関心を持ってもらい、メリットを感じ

られるように配慮してください。同時に、分析スキルの高い社員には、積極的に研修を受講させたり、他社に出向して経験を積むなどの事例もあります。

会社全体の分析スキルを底上げする

重要なことは、少数の担当者に負担を集中させず、組織全体で分析を行えるスキルを向上させることです。一部の高いスキルを持つ社員に依存する形ではなく、**全体を底上げ**した形が理想です。そのためには、上位層で培ったノウハウを中間層にフィードバックしながら、ITが苦手な層を支援する構造が大切になります。具体的にはExcelが苦手な社員には、画面に表示される情報を減らして操作をわかりやすくした自前のツールを提供してもよいでしょう。こうした取り組みを会社全体で行うことが、データ分析による成果につながります。それを実現するための人材教育とトレーニングは、データ基盤の整備やツールの導入と並行して進めていきましょう。

図1 スキルの高い層がノウハウを展開する

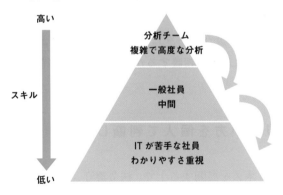

| まとめ | 社員全員が分析を行えるよう、全体のスキルを底上げしていく仕組みを作る。 |

取り扱い注意のデータ

データの取り扱い方を間違えると、信用の失墜も招く危険性もある。

個人情報や社内機密は慎重に扱う

データ分析を行うにあたって、**安易に触れてはいけないデータ**があります。名前や住所などの個人情報や、社内の機密情報です。特に個人情報は法律によって保護されており、漏洩などで社会的信用の失墜も招きます。一方であらゆるデータを機密扱いにして利用を制限すると、データを活用する意識が芽生えないので、バランスが重要です。

データの取り扱いはまだ法律で整備されていない面もあり、例えば工場の生産設備に蓄積されたデータの権利は法的な取り決めがなく、事前に契約を締結する必要があります。扱うデータについて、誰がどのように管理をして、**問題が起こった場合はどこに相談するか**などの流れを事前に準備しておきましょう。

データの取り扱い方を個人で判断しない

データを使ったビジネスを展開する上で、法令遵守（コンプライアンス）は大前提です。しかし法令遵守であっても、**利用者の感情面に対する配慮**が必要です。過去にJR東日本はICカードSuicaの利用履歴を他社に販売しようとしましたが、反発もあって中止となりました。個人を特定できないようにするなど、法律上は問題はなかったものの、利用者としては自分の生活に関わる情報が第三者に渡る点に反発したと考えられます。同様にYahoo! JAPAN

（ヤフージャパン株式会社）でも、利用者の行動履歴などを使った信用情報による格付けサービスを発表したものの、実施されずに中止となった経緯があります。こちらも同様に法令は遵守していますが、利用者における感情面で嫌悪感を招いたと言えるでしょう。

　順次法律や規制が整備されているので、新たなビジネスプランを企画するにあたって、最新の情報を確認してください。

　このように企業における個人情報の収集や扱いには、法律やガイドラインが設定されています。少しでも疑問を感じたり、新たな取り組みを行う際には必ず社内の法務部や契約している顧問弁護士など、専門家に確認しましょう。**データの取り扱いについて、個人で判断してはいけません。**

　合わせて、データを取り扱う上で、頻繁に発生する問題は漏洩です。特に社内外におけるデータのやり取りには注意が必要です。社内でセキュリティルールが設定されていても、**人間による運用ではルールが形骸化して必ずしも遵守されません。**社内でデータ分析業務を展開する上で、こうしたデータの取り扱いにおけるルールも周知しましょう。

図1 データを扱う上で指針となる資料に目を通しておくとよい

PPC（個人情報保護委員会）が提供する「個人情報保護法ハンドブック」
https://www.ppc.go.jp/news/publicinfo/

経済産業省が策定した「AI・データの利用に関する契約ガイドライン」
https://www.meti.go.jp/press/2019/12/20191209001/20191209001.html

> **まとめ** 個人情報を扱う場合は個人で判断せず、事前に必ず弁護士などの専門家に相談する。

効果測定→評価→改善の
サイクルを構築

テーマ 〉 分析を業務に反映する「効果測定→評価→改善」
のサイクルが重要。

「効果測定→評価→改善」で完結する

データ分析によって導き出された結果に対して、施策の実行が重要です。さらに施策の実行における効果を評価するサイクルが必須となります。「データ分析を行って施策を実行した」という報告だけでなく、実際にデータ分析を行って、分析結果を反映しながら、**どんな施策を行うべきかを企画**して、**施策を実行**しなければいけません。

また、分析業務も異なるアプローチで繰り返し行う必要があります。このような「**効果測定→評価→改善**」の流れは、PDCAサイクルなどでも実践されていますが、データ分析も例外ではありません。

データ分析を推進する中で、スケジュールや予算における検証も必要です。現実的な解決策を実行することが、企業におけるデータ分析に求められます。

データ分析は1回で終わりではありません。何度も繰り返す負担を減らすために、データ基盤の整備や分析ツールの導入が重要になります。現場に施策を実行させるためには、社内政治を行って経営者や現場に了承を取らなければいけません。ここまでの土台があれば、成果の有無をわかりやすくBIツールなどで可視化して、社内で共有できます。

トップダウンでデータ分析を推進する取り組み

　トップダウンによる分析サイクルの浸透も必要です。社長の号令と合わせて、データ分析を推進する「CDO（最高データ責任者）」「CIO（最高情報責任者）」などの役職が旗振り役となる方法もあります。データ分析の重要性はあれど、社長の立場としては会社全体を目を向けなければなりません。そこで社内におけるデータに関する業務を取り仕切る役員として、CDOやCIOの地位が注目されています。新たな役員が就任するのは会社としてもデータ分析に注力する意思表示にもなります。このような意識改革も鍵となるでしょう。

　ボトムアップによる展開として、**人事面における対策も有効**です。具体的な方法には、データ分析に関する資格取得やスキルアップによる昇給や昇格などがあります。こうした競争と成長できる環境を作り、現場からもデータ分析を育て上げる仕組みが必要になってきます。

　このような**データ分析を中心として業務を進める体制**を社内システムと組織文化の両面から定着させていきます。こちらもデータ基盤の整備と同様に一朝一夕で進むものではありません。今から時間をかけて準備していきましょう。

図1　分析結果が振るわなければ、異なるアプローチによる分析を繰り返す

分析 ➡ 実行 ➡ 効果測定 ➡ 評価 ➡ 改善策

まとめ ｜ 分析サイクルは、社内の環境や組織文化など複数の面から定着させていく。

会社を変えるか、
自分が変わるか

テーマ 〉 会社を変えるために孤軍奮闘しても、苦労が報われるとは限らない。

現実の壁は厚く高い

ここまでデータ分析で会社を変える前提で解説しましたが、現実的には厳しい側面もあります。ボトムアップによる変革では、数万人の組織に対して**一人ができることに限界があります**。組織で働く一員であれば、それなりの待遇で今日も明日も同じ仕事がしたいので、新たな取り組みは不要と考える人もいます。これまでの内容を否定する話ですが、それも現実です。もしも本気で会社を変えるなら出世しなければなりませんが、時間もかかれば、出世競争に勝てるとは限りません。

これまで会社全体と言わずとも、所属する部門や現場レベルで変革を試みた人は数知れません。それでも権限や予算がなく、周囲の理解を得られずに、社内政治の壁に阻まれて、あきらめた人も数多く存在します。その結果として、転職した人もいます。なぜなら、**会社を変えるより自分が変わる**方が、簡単で確実だからです。

本書が今の会社を変える前提で説明したのは、簡単に転職できる人は限られるためです。例えば、東京で働くITエンジニアや外資系企業出身者であれば、転職先も多く文化的に容認されています。一方で知識や技術が限定的だったり、退職すれば裏切り者で転職すればよそ者扱いという会社や業界もあるのです。行き詰まった時の立ち回りも身につけましょう。

データ分析を"含めた"スキルアップの重要性

　孤軍奮闘の末に会社を変えるのが不可能と悟れば、**最後の手段として転職**する選択肢もあります。安易に会社への不満や待遇向上を狙った転職では失敗するでしょう。SNSなどに流布する安易な転職、フリーランス、独立起業という風潮に惑わされてはいけません。そして本書で紹介したデータ分析の基本を身につけても、業務改善に役立つ場面はあれど、転職や年収アップにつながるとは限りません。

　一方で会社の寿命が短くなり、大企業でも安泰とは言えません。将来に備えた自己防衛の手段として、**データ分析を"含めた"スキルアップ**は重要です。会社を変えることはできなくても、**自分を変えること**は必要です。30年後のシンギュラリティよりも、3年後のリストラの方がずっと脅威です。データ分析で会社を変える志は立派ですが、現実の壁に負けるかもしれません。しかし、それは間違った選択ではなく、複数の選択肢における一つでしかありません。他人の意見や世間の風潮に流されず、**自分でやるだけやった上での選択**なら納得もできるでしょう。他の方法も用意しておき、いろいろな道で生き延びることが重要ではないでしょうか。

図1　一本道で唯一の選択肢ではなく複数の選択肢を

| まとめ | 他人の意見や煽り文句に流されず、複数の選択肢を確保できるスキルを身につけよう。 |

"ウチの会社"に
データ分析を「実装」せよ

テーマ 〉 フツーの日本企業が、シリコンバレーやスタートアップを真似るのは無理がある。

シリコンバレーやスタートアップは別世界

　企業に変化が求められても、**簡単に変われないのも現実**です。データ分析を会社に展開させようにも、様々な障壁があります。一方でアメリカのシリコンバレーや日本のスタートアップなら、少ない手間と短い時間で変化に適応できるでしょう。これらの会社は、古い思考の経営者ではなく、現場は前例や慣習に縛られず、複雑怪奇なデータ基盤もなく、ITを理解している社員ばかりで構成されています。そしてITニュースサイトや書籍では、シリコンバレーやスタートアップにおける特殊な例が、注目を集めるキラキラ成功ストーリーとして語られます。しかし、文化も歴史も業務もまったく異なる日本企業が真似たところで、失敗するのは当然のことです。

　それでも、シリコンバレーの文化を取り込めば成功するのでしょうか。それを身を持って実践したアメリカのGE社※は、データサイエンティストを大量採用して組織文化をシリコンバレー流に変革しながら、工場のデータを活用できる新製品を開発して、機械から生み出されるデータを元に新たなビジネスを立ち上げようとしました。結果として取り組みは失敗し、事業売却や低迷に陥っています。

※ゼネラル・エレクトリック。創業142年、従業員数20万人のアメリカの企業。

一番向いている道を探す

　ほかでもない日本企業としては、現場の強みを発揮しつつ、**よいところ参考にして自社なりに改善を繰り返しながら**、今の状況で勝負すべきでしょう。ここに挙げてきた以外にも、データ分析を活用するには、多くの障壁があります。それだけデータ分析を会社に実装するのは大変ですし、成功している企業は一部でしかありません。

　いわゆる「ニッポンの会社」には、PART1で解説したITが苦手な人も含めた多様性があります。そして人間である以上、**技術ではなく感情で動きます**。データ分析を会社に実装するには、社内政治に強い人、社内の業務システムに強い人、予算やスケジュール管理に強い人、業界動向や法規制に強い人などが、**相互理解と補完をしながら進めるべき**です。様々な人材を抱えているのは、弱みだけではなく強みでもあります。

　これまで、データ分析は「外注や下請けにやらせればよい」という風潮がありました。しかし時代が変わり、業務の中枢を担っています。そして他社の成功事例を真似て、追いつき追い越せという時代でもありません。**自分の会社にとって一番向いている道**を自分で探していくのが、データ分析を会社に実装する近道です。

図1　シリコンバレーやスタートアップはお手本ではない

まとめ　ウチの会社の歴史や文化、業務内容に合った
データ分析を実装するのが、一番の近道。

そして分析へ

テーマ ＞ データ分析によって、自分自身がどんなゴールを目指すのか。

変化に対応する準備を

本書では、データ分析スキル以外にも様々な強みを持った「勇者型データ分析人材」を提唱しました。そして、一人では会社を変えるという壮大な使命を成し遂げることはできません。仲間を集めて、さらに成長を重ねて、初めて実現できることです。

目指すべきゴールは、人や会社によって異なります。そして、未来がどうなるかは誰にも予測できません。それでも**存在するデータから分析して可能性を探る**ことは可能です。それを踏まえて、将来の変化にどう対処するか準備しておきましょう。

唯一無二の勇者型データ分析人材

データ分析を含めたITがさらなる進化を続けることは、間違いありません。ITの力で、今まではできなかったことができるようになれば、その変革をどう活かすかが重要です。そうした変化に対応するには、変化を前向きに捉える姿勢が重要です。データサイエンティストを目指して技術力を伸ばしてもよいですし、ビジネスプランを研究して新たな事業を立ち上げたり、より大きなプロジェクトを目指す人もいるでしょう。

いまやどんな業種や職種においても、データ分析を活用して成果を出せる人材が求められています。そして各分野のスペシャリストをチームとしてま

とめながら、ビジネスとして成果を出せる人材が求められています。本書で提唱した**勇者型データサイエンティストの強み**は、特定の技術やスキルだけではありません。ここまで述べてきた通り、データ分析を実現させるためには、いろいろな困難を乗り越えなければなりません。それを実行して、成し遂げる力があれば、あなた自身にとって唯一無二の強さとなります。

現実世界に悪の魔王は存在しませんが、あなたの前には魔王のような強大な存在が立ちふさがっています。ゲームに登場する怯えるだけの市民でもなく、命令するだけ王様でもなく、**自ら戦う勇者として、仲間とともに**立ち向かっていきましょう。

データ分析の、その先へ

データが存在しない、データを扱わない仕事は存在しません。データを分析して強みとして活かせば、**最強無敵のビジネススキル**と言っても過言ではありません。そして、ここまで紹介した内容は、ほんの入り口にすぎません。まだまだデータ分析の大学に入学したばかりであり、**データ分析の「その先」**を目指しましょう。少なくとも本書を購入いただき、ここまで読んで実行した人であれば、自発的に学んで適切な自己投資ができるはずです。

昨今では、DX（デジタル・トランスフォーメーション）が叫ばれていますが、もはやデジタルは変革ではなく社会に密接につながっており、DF（デジタル・フュージョン）として「融合」している存在です。

未来への答えは、SNSにもオンラインサロンにも動画投稿サイトにもありません。個人や会社によって答えも問題も異なれば、正解を導き出せるのは自分だけです。本書は、そのためのきっかけとなるべく執筆しています。大学は入学すれば終わりではなく、卒業してもゴールではありません。これからも続く長い旅を歩んでください。

図1 勇者は果てしない高みを目指して走り続ける

まとめ | **俺たちの戦いはこれからだ。**

あとがき

　ここまで読み終えたら、データ分析の大学は卒業でしょうか。

　まだまだ入学式直後のオリエンテーションを終えた段階であり、スタート地点にすぎません。国民的RPGであれば、まだまだはがねのつるぎは装備できません。

　それでも、データ分析を着実に身につけるために行動を起こしたことは事実です。基本である1、2、3をきちんと練習しないで、いきなり4とか5をやってはいけません。そして何かを守るために変わらないことは、もちろん大事です。でも、変わろうとする想い、変わろうとする覚悟、そして一歩踏み出す勇気も大事なことです。

　本書で目指すデータ分析は「Excelで繰り返し行われるデータの取得・準備・集計・分析・可視化を効率よく実行して、仕事でそれなりの成果を出すこと」と定義しました。本書を読む前には見えなかったものが見えてくるでしょう。そしてExcelを資料作成ソフトとして使わないことを祈っています。

　実際に分析を行う中で、足りない技術やExcelの操作方法なども把握できるでしょう。

　本書でそれらをすべて紹介するのは難しく、人によっては不要な説明もあります。そもそも本1冊でデータ分析におけるすべてを説明できません。目指すべきゴールが見えてくれば、本や動画などで必要なものを自ら学べます。

　どうしてもデータ分析が身につかなかった人は、素直にあきらめて考え方を変えてみましょう。全員がデータサイエンティストになる必要はありませんし、人には適性も才能も限界もあります。データ分析に必要な業務を理解しながら、理想的な環境づくりを進めることも大切な役割です。

もしも「データ分析は〇〇で行うべき」や「〇〇を知らない奴はデータ分析をやる資格はない」と言われても、気に病むことはありません。プログラミングや数学や統計や高価な分析ツールを使わず、Excelだけで行うデータ分析であっても結果を出せば"勝ち"であり"価値"なのです。

　そして本に書いてあることを知るだけでなく、仕事において実践してみましょう。意識だけ高い評論家にならず、利益率が高い実務家を目指してください。

　目指すべき人材像について、本書では国民的RPGを元に勇者型データ分析人材を提唱しました。対して現実はゲームのような一本道ではなく、自由に進めるオープンワールドです。どんな成長を遂げて、どんな敵と戦い、どんな勇者を目指すかはあなた次第です。

ピボットテーブルも関数もぜんぶ使う!
Excelでできるデータの集計・分析を極めるための本

Excelによる集計と分析に特化するだけでなく、前処理としてデータ整形にも解説しています。ピボットテーブルや関数などを組み合わせた効率的な分析など、ビジネスで求められる基本的な分析業務を網羅しています。まずは本書で分析力を身につけましょう。

- 森田貢士(著)
- 定価:2,640円　■ ソシム

Excelパワークエリ
データ収集・整形を自由自在にする本

パワークエリを使ったデータ準備に関わる作業として、収集、取得、加工、整形などが解説されています。PART3で紹介したデータベースからExcelに取り込む前処理について、自動化と効率化を実現できます。パワークエリの詳細な操作方法などは、本書を参考にしてください。

- 鷹尾 祥(著)
- 定価:2,728円　■ 翔泳社

Excelパワーピボット
7つのステップでデータ集計・分析を「自動化」する本

繰り返し行われるデータの集計や分析を自動化するパワーピボットを解説しています。PART3における分析業務の効率化に加えて、計算や比較などの処理も解説しています。パワークエリとパワーピボットの解説書は少ないので、まずはこの2冊で学ぶのが最適です。

- 鷹尾 祥(著)
- 定価:2,618円　■ 翔泳社

「それ、根拠あるの?」と言わせない
データ・統計分析ができる本

一般的なビジネスパーソンに求められる統計知識を、仕事で遭遇する場面に置き換えながら解説しています。複雑な内容にはあえて触れずにわかりやすさを重視しており、統計について最初に学ぶ1冊と言えるでしょう。

- 柏木吉基(著)
- 定価:1,760円　　■日本実業出版社

統計学の基礎から学ぶ
Excelデータ分析の全知識

Excelを使って統計学に基づいた分析を学べます。さらに統計だけでなく仮説検証、可視化、前処理なども解説しています。本書で紹介した基本的な内容から更に踏み込んだ仮説検定や最適化も紹介しており、Excelによるデータ分析と統計をより深く学びたい人におすすめです。

- 三好大悟(著)　堅田洋資(監修)
- 定価:1,980円　　■インプレス

エクセル方眼紙で文書を作るのはやめなさい
「他人の後始末」で、もうだれも苦しまない資料作成の新常識

タイトル通りにExcel方眼紙や神Excelがなぜ問題なのかを踏まえて、正しい文書作成について学べます。データの集計や分析に限らず、ファイルの使い回しなど当たり前にやっていた文書作成を、見直すきっかけとなります。合わせて、Wordによる手間がかからずわかりやすい資料作成も習得しましょう。

- 四禮静子(著)
- 定価:1,848円　　■技術評論社

■ オンライン動画教材

オンライン学習プラットフォームでは様々な学習教材が提供されています。なお、YouTubeは有識者による学習の参考となる動画から、再生数稼ぎの真偽不明なポジショントークまで玉石混交なので注意して下さい。

Coursera
https://ja.coursera.org/

アメリカのスタンフォード大学が運営するオンライン授業です。コースによっては日本語字幕付きの動画もあります。カリキュラムは無償と有償があり、修了証の発行や学士、修士、博士も取得できます。

JMOOC
https://www.jmooc.jp/

オンラインで講義を受講できるプラットフォームとして、日本ではJMOOCとして日本オープンオンライン教育推進協議会により運営されています。「良質な講義」を「誰も」が「無料」で学べる機会の提供を目指して、データ分析を含む様々な講義が展開されています。

Udemy
https://www.udemy.com/ja/

ITに関する技術やスキル習得を目的として、オンライン講座を提供するプラットフォームです。講義は個人や企業が制作したものが登録されています。日本では提携先のベネッセ社が運営しています。

gacco
https://gacco.org/

JMOOC（日本オープンオンライン教育推進協議会）に加盟する（株）ドコモgaccoが運営しています。法人向けには、「gacco ASP」や「gacco Training」として、受講者を限定した法人オリジナル研修があります。

巣ごもりDXステップ講座情報ナビ

https://www.meti.go.jp/policy/it_policy/jinzai/sugomori/

経済産業省のWebサイト内にある、各種デジタルスキルを学べるオンライン講座を紹介するページです。データ分析、AI、プロジェクトマネジメントなどのカテゴリ別とレベル別で検索が可能。自宅にいながら、無料でデジタルスキルを学ぶことができます。

データサイエンス・オンライン講座「社会人のためのデータサイエンス入門」

https://gacco.org/stat-japan/

総務省統計局が提供するデータサイエンスの入門講座です。社会人向けにデータサイエンス力の向上を目指したもので、4週間のカリキュラムで「統計データの活用」、「統計学の基礎」など、データ分析の基本的な知識を学べます。

高校生のための統計学習教材

https://www.stat.go.jp/teacher/comp-learn-03.html

総務省統計局が、高校生に統計学習を指導する教員に向けて製作した補助教材です。統計の基本がわかりやすくまとめられています。同じサイト内では、統計の基本用語集なども提供されています。

高等学校における「情報II」のための
データサイエンス・データ解析入門

https://www.stat.go.jp/teacher/comp-learn-04.html

総務省統計局が提供する、高等学校の科目である「情報II」の補助教材です。データ分析を初歩から学びたい社会人にもわかりやすい内容になっています。

統計利活用事例集

https://www.meti.go.jp/statistics/pr/pr.html

「消費動向に見る、withコロナのトレンド」など、消費者動向の分析や各種の市場調査において、実際に統計データを利活用している事例を、動画で学習できます。

数理・データサイエンス教育強化拠点コンソーシアム

http://www.mi.u-tokyo.ac.jp/consortium/

北海道大学、東京大学、滋賀大学など、数理・データサイエンス分野の教育に力を入れる全国の大学で構成される団体です。理論まできちんと理解したデータサイエンティストを目指す方に向けて、統計・数学・プログラミングなどのカリキュラムが公開されています。

■YouTubeチャンネル

Youseful / 人材教育の図書館

https://www.youtube.com/channel/UCRpRQ48LGfMpYojZo7Srabg

Youseful株式会社が提供するYouTubeチャンネル。『できるYouTuber式 Excel 現場の強化書』(インプレス刊)の著者でもある、おさ氏こと長内孝平氏の監修・統括です。Excel作業の効率化をはじめとする、ビジネス実務で役立つ各種のスキルや情報を配信しています。

金子晃之

https://www.youtube.com/channel/UCaxV7Sf7pdNjlahl6BtJBBw/

初心者がITスキルをアップするための、様々なノウハウや知識を紹介。Excel作業の効率化・高速化に関する動画以外にも、VBAやマクロの解説、WordやGoogleスプレッドシートのテクニックなど、幅広いテーマを扱っています。

■コミュニティ

TECHPLAY

https://techplay.jp/

IT関連の勉強会、イベント、交流会、セミナーなど、スキルアップやキャリアップのための多様な情報を提供。多数の掲載情報の中から、「技術キーワード」「エリア」「スケジュール」などの条件で、自分に合った情報を検索できるほか、イベント告知や集客サポートなど、主催者側に便利な機能も備わっています。

Connpass

https://connpass.com/

IT関連の勉強会を支援するプラットフォームサービス。SNSアカウントと連携しての利用が可能で、スマホアプリも提供されています。勉強会やイベントの企画・告知・集客以外に、開催日などのリマインドやアフターフォローの機能なども揃えており、主催する側も無料で利用できます。

Peatix

https://peatix.com/

オンライン・オフラインの各種イベントやコミュニティ管理サービス。IT関連のセミナーや勉強会だけに限らず、フードフェス、アートイベントなど、多ジャンル6,500以上(2021年10月時点)のイベント情報が掲載されています。

MENTA(メンタ)

https://menta.work/

主にプログラミングを独習する人向けに、学びたい人(メンティー)と教える人(メンター)を結びつけるサービス。自分に合ったメンターを見つけ、学習上の一人では解決できない技術的な質問に答えてもらったり、効果的な学習法の相談をできます(プランや金額や各メンターにより異なります)。

データラーニングギルド

https://data-learning.com/guild

データ分析の実践的なスキルの習得を目的にした、データサイエンティストのためのコミュニティ。データサイエンティストの志望者と、現場で活躍する専門家の交流などが行われています。

データ分析に関連する業界団体と資格を紹介します。本書で取り上げた「独立行政法人情報処理推進機構（IPA）」、「一般社団法人 データサイエンティスト協会」、「一般社団法人日本ディープラーニング協会」によって、資格試験が行われています。

	ITパスポート	DS検定	G検定
難 易	普通	やや難しい	難しい
範 囲	IT全般	データサイエンスが中心	AI・ディープラーニングが中心
試験要綱	7,500円	一般11,000円 学生5,500円	一般：13,200円 学生：5,500円
受験会場	全国の試験会場	全国の試験会場	オンライン
実施時期	随時開催	年2回（春・秋）を予定	年3回
資格の種類	国家資格	認定資格	認定資格
主催団体	独立行政法人 情報処理推進機構	一般社団法人 データサイエンティスト協会	一般社団法人 日本ディープラーニング協会

参考資料

■ 書籍

データ分析

**いちばんやさしいExcelピボットテーブルの教本
人気講師が教えるデータ集計が一瞬で終わる方法**

■ 羽毛田睦土(著) ■ インプレス ■ 2019年

Excelで学ぶデータ分析本格入門

■ 日花弘子(著) ■ SBクリエイティブ ■ 2019年

**Excelピボットテーブル
データ集計・分析の「引き出し」が増える本**

■ 木村幸子(著) ■ 翔泳社 ■ 2018年

**データサイエンス入門
Excelで学ぶ統計データの見方・使い方・集め方**

■ 上藤一郎　西川浩昭　朝倉真粧美　森本栄一(著) ■ オーム社 ■ 2018年

Excel分析ツール 完全詳解

■ 豊田裕貴(著) ■ 秀和システム ■ 2017年

プロジェクトマネジメント

**失敗しない　データ分析・AIのビジネス導入
プロジェクト進行から組織づくりまで**

■ 株式会社ブレインパッド　他(著) ■ 森北出版 ■ 2018年

統計

データ分析のための統計学入門 原著第4版

■ デービット・ディアズ　他(著)　国友直人　他(著) ■ 日本統計協会 ■ 2021年
※右URLにて、PDF版を無償配布　　http://www.kunitomo-lab.sakura.ne.jp/2021-3-30open(S).pdf

統計学の図鑑

■ 涌井良幸　涌井貞美(著) ■ 技術評論社 ■ 2015年

データ活用の重要性

**シン・ニホン
AI×データ時代における日本の再生と人材育成**

■ 安宅 和人(著) ■ NewsPicksパブリッシング ■ 2020年

ソフトウェア・ファースト
あらゆるビジネスを一変させる最強戦略
▪及川卓也（著）　▪日経BP　▪2019年

おもてなし幻想
デジタル時代の顧客満足と収益の関係
▪マシュー・ディクソン　ニック・トーマン　リック・デリシ（著）　神田昌典　リブ・コンサルティング（監修）
安藤貴子（著）　▪実業之日本社　▪2018年

未来IT図解
これからのデータサイエンスビジネス
▪松本健太郎　マスクド・アナライズ（著）　▪エムディエヌコーポレーション　▪2019年

測りすぎ
なぜパフォーマンス評価は失敗するのか？
▪ジェリー・Z・ミュラー（著）　松本 裕（著）　▪みすず書房　▪2019年

組織変革と企業文化
データドリブンの極意
Tableauブートキャンプで学ぶデータを「読む」「語る」力
▪Master KT（著）　▪技術評論社　▪2021年

未来を実装する
テクノロジーで社会を変革する4つの原則
▪馬田隆明（著）　▪英治出版　▪2021年

ファシリテーション型業務改革
ストーリーで学ぶ次世代プロジェクト
▪榊巻 亮　百田牧人　岡本晋太朗（著）　▪日本経済新聞出版　▪2020年

ワークマン式「しない経営」
4000億円の空白市場を切り拓いた秘密
▪土屋哲雄（著）　▪ダイヤモンド社　▪2020年

ワークマンは商品を変えずに売り方を変えただけでなぜ2倍売れたのか
▪酒井大輔（著）　▪日経BP　▪2020年

ストーリーで学ぶ デジタルシフトの真髄
現場と取り組むデジタル先進企業の挑戦秘話
▪茂木俊輔（著）　日経BP総研イノベーションICTラボ（編）　三井住友ファイナンス＆リース／イノベーションPT（協力）
▪日経BP　▪2019年

Process Visionary デジタル時代のプロセス変革リーダー

- 山本政樹　大井 悠(著)　プレジデント社　2019年

システムの問題地図
「で、どこから変える?」使えないITに振り回される悲しき景色

- 沢渡あまね(著)　技術評論社　2018年

最強のデータ分析組織
なぜ大阪ガスは成功したのか

- 河本 薫(著)　日経BP　2017年

会社を変える分析の力
(講談社現代新書)

- 河本 薫(著)　講談社　2013年

データ基盤

データマネジメントが30分でわかる本

- ゆずたそ(著・編)　はせりょ(著)　NextPublishing Authors Press　2020年

資料作成と視覚化

Google流 資料作成術

- コール・ヌッスバウマー・ナフリック(著)　村井瑞枝(著)　日本実業出版社　2017年

データ視覚化のデザイン

- 永田 ゆかり(著)　SBクリエイティブ　2020年

法務及び契約

ITビジネスの契約実務　第2版

- 伊藤雅浩　久礼美紀子　高瀬亜富(著)　商事法務　2021年

ガイドブック AI・データビジネスの契約実務

- 齊藤友紀　内田 誠　尾城亮輔　松下 外(著)　商事法務　2020年

ユーザを成功に導くAI開発契約

- 西本 強(著)　商事法務　2020年

AI・IoT・ビッグデータの法務最前線

- 齋藤浩貴、上村哲史、岡田 淳（著）　- 中央経済社　- 2019年

IoTビジネスを成功させるための法務入門

- 中野友貴（著）　- 第一法規　- 2016年

■ Web

ブログ
渋谷駅前で働くデータサイエンティストのブログ
https://tjo.hatenablog.com/

データ分析とインテリジェンス
https://analytics-and-intelligence.net/

ゼネラル・エレクトリック社（GE）の失敗から学ぶデジタルトランスフォーメーション
https://www.artelligence.jp/blog-posts/general-electric-dx

■ 発表資料／スライド

統計表における機械判読可能なデータ作成に関する表記方法
https://www.soumu.go.jp/main_content/000723626.pdf

企業IT動向調査報告書 2021
ユーザー企業のIT投資・活用の最新動向（2020年度調査）
https://juas.or.jp/cms/media/2021/04/JUAS_IT2021.pdf

デジタル・トランスフォーメーション（DX）推進に向けた
企業とIT人材の実態調査　詳細編
https://www.ipa.go.jp/files/000082054.pdf

DX白書2021
https://www.ipa.go.jp/ikc/publish/dx_hakusho.html

DXレポート 〜ITシステム「2025年の崖」克服とDXの本格的な展開〜
https://www.meti.go.jp/shingikai/mono_info_service/digital_
transformation/pdf/20180907_03.pdf

アメリカにおけるデジタルトランスフォーメーション（DX）の現状
https://www.jetro.go.jp/ext_images/_Reports/02/1fb13cf2232a86ac/
202009.pdf

デジタル時代のスキル変革等に関する調査報告書
https://www.ipa.go.jp/files/000090458.pdf

Works Index 2020
https://www.works-i.com/research/works-report/item/210705_
worksindex2020.pdf

「雇用関係によらない働き方」に関する研究会 報告書
https://www.meti.go.jp/report/whitepaper/data/pdf/20170330001-2.pdf

データサイエンティスト　スキルチェックリスト Ver.3.0.1
https://www.datascientist.or.jp/common/docs/skillcheck_ver3.00.pdf

なぜコンピュータを学ばなければならないのか 21世紀の君主論
https://www.slideshare.net/TokorotenNakayama/21-131325177

■記事／Webサイト

リテラシー低い幹部をサポートする「IT介護」は問題の巣窟、放置すれば企業が衰退
https://xtech.nikkei.com/atcl/nxt/column/18/00205/031800042/
▪沢渡 あまね ▪日経クロステック ▪2021年3月22日

日本はデジタルスキルなどで最低レベルに【ガートナー調査】
https://enterprisezine.jp/news/detail/14363
▪EnterpriseZine編集部　▪EnterpriseZine　▪2021年5月10日

日本の従業員の8割以上は自動化による失業を心配していない
https://enterprisezine.jp/article/detail/12106
▪EnterpriseZine編集部　▪EnterpriseZine　▪2019年6月5日

第四次産業革命スキル習得講座認定制度（経済産業省）
https://www.meti.go.jp/policy/economy/jinzai/reskillprograms/index.html

アプリマーケティング研究所
https://markelabo.com/

「今機械学習に必要なのはデータマネジメント」5つの秘訣を実例つきで紹介
https://ainow.ai/2020/07/05/224999/
▪AINOW　▪2020年8月6日

神Excel
https://studyhacker.net/vocabulary/kami-excel
▪STUDY HACKER　▪ハーパーコリンズ・ジャパン　▪2017年10月23日

■論文

「ネ申 Excel」問題
https://oku.edu.mie-u.ac.jp/~okumura/SSS2013.pdf
▪奥村晴彦　▪2013年7月12日

■その他

DRAGON QUEST──ダイの大冒険──
▪集英社

魔界塔士 Sa・Ga
▪スクウェア・エニックス

執筆者プロフィール

マスクド・アナライズ

Twitterで現場目線による辛辣かつ鋭い語り口で情報発信を行い、業界内で注目を集める謎のマスクマン。企業や大学におけるDX・AI・データサイエンス導入活用の支援、人材育成、イベント登壇、書籍や論文の執筆などを手掛けている。

執筆・寄稿歴は「ITmedia」、「ASCII.jp」、「Business Insider Japan」、「IT人材ラボ」(現「HRzine」)など多数。

著書に『未来IT図解 これからのデータサイエンスビジネス』(MdN刊・共著)、『AI・データ分析プロジェクトのすべて [ビジネス力×技術力＝価値創出]』(技術評論社刊・共著)がある。

Twitter:@maskedanl

ご連絡は問い合わせフォームまで。
https://bit.ly/2Esnac0

[制作スタッフ]

装丁・本文デザイン　小口翔平　三沢稜　後藤司(tobufune)
カバー・本文イラスト　米村知倫
DTP　　　　　　　　芹川宏(ビーチプレス)
編集協力　　　　　　村上智之　三津田治夫(株式会社ツークンフト・ワークス)

編集長　　　　　　　後藤憲司
担当編集　　　　　　熊谷千春

データ分析の大学
10年先も揺るがないビジネススキルを身につける

2021年12月1日　初版第1刷発行

著者　　　　マスクド・アナライズ
発行人　　　山口康夫
発行　　　　株式会社エムディエヌコーポレーション
　　　　　　〒101-0051　東京都千代田区神田神保町一丁目105番地
　　　　　　https://books.MdN.co.jp/
発売　　　　株式会社インプレス
　　　　　　〒101-0051　東京都千代田区神田神保町一丁目105番地
印刷・製本　日経印刷株式会社

Printed in Japan
©2021 Masked Analyse. All rights reserved.

【カスタマーセンター】
造本には万全を期しておりますが、万一、落丁・乱丁などがございましたら、送料小社負担にてお取り替えいたします。お手数ですが、カスタマーセンターまでご返送ください。

● 落丁・乱丁本などのご返送先
〒101-0051　東京都千代田区神田神保町一丁目105番地
株式会社エムディエヌコーポレーション カスタマーセンター
TEL:03-4334-2915

● 書店・販売店のご注文受付
株式会社インプレス　受注センター
TEL:048-449-8040／FAX:048-449-8041

● 内容に関するお問い合わせ先
株式会社エムディエヌコーポレーション カスタマーセンター メール窓口

info@MdN.co.jp

本書の内容に関するご質問は、Eメールのみの受付となります。メールの件名は「データ分析の大学　質問係」とお書きください。電話やFAX、郵便でのご質問にはお答えできません。ご質問の内容によりましては、しばらくお時間をいただく場合がございます。また、本書の範囲を超えるご質問に関しましてはお答えいたしかねますので、あらかじめご了承ください。

ISBN978-4-295-20189-2　　C0033